心の健康教育

野島一彦・岡村達也 監修

Certified Public Psychologist
公認心理師
実践ガイダンス
4

木立の文庫

監修者まえがき

野島一彦・岡村達也

　2018年4月に公認心理師法第7条（受験資格）第1号に基づく公認心理師の養成がスタートした。また同じく9月には、公認心理師法附則第2条（受験資格の特例）に基づく経過措置による公認心理師の本試験、同12月には（北海道胆振東部地震の影響による）追加試験が実施され、28,574名が合格した。2018年は公認心理師の"現実化"元年と言ってもよかろう。

　ここに言う"現実化"とは、公的存在としての心理専門職の創出とその基盤となる法、公認心理師法〔2015年9月9日成立／16日公布／2017年9月15日施行〕の"実現"に続く段階として、その実体を確実に創出する道筋のことである。すなわち、「養成の充実」と「有為な公認心理師の輩出」、「職能団体の成熟」と「公認心理師の終わることのない技能の維持向上」を担保する道筋のことである。

　公認心理師の養成に向けて、公認心理師カリキュラム等検討会『報告書』〔2017年5月31日〕は、公認心理師のカリキュラム等に関する基本的な考え方、それを踏まえたカリキュラムの到達目標、大学及び大学院における必要な科目の考え方、大学及び大学院における必要な科目等について取りまとめている。

　それによれば、大学における必要な科目は25科目（心理学基礎科目：6科目、心理学発展科目：17科目、実習演習科目：2科目）、大学院における必要な科目は10科目（心理実践科目：9科目、実習科目：1科目）である。

そして、大学院における必要な科目のうち心理実践科目の九つは、「保健医療」「福祉」「教育」「司法・犯罪」「産業・労働」という"五つの分野"に関する理論と支援の展開と、「心理的アセスメント」「心理支援」「家族関係・集団・地域社会における心理支援」「心の健康教育」という"四つの業務"（公認心理師法第2条（定義））に関する理論と実践とから成る。

　ここに公刊される《公認心理師 実践ガイダンス》全四巻は、大学院における必要な心理実践科目の"四つの業務"に関する理論と実践について、それぞれひとつの巻を充てている。

　これら四巻のうち前三巻『1. 心理的アセスメント』『2. 心理支援』『3. 家族関係・集団・地域社会』は、臨床心理士の専門業務のうち「臨床心理査定」「臨床心理面接」「臨床心理的地域援助」にほぼ対応するが、四巻目『4. 心の健康教育』は、臨床心理士の専門業務としては明示されていない。公認心理師の"四つの業務"のひとつとしてこれが位置づけられたことは、大きな特徴であり意義がある。

　つまり、従来の臨床心理士の業務は「不適応の状態から適応の状態への回復」を主におこなうといったニュアンスが強いのに対して、公認心理師では、それとともに、「不適応の状態を生まない予防」も業務であることが強調されているのである。まさに、法の趣旨を反映するものである（公認心理師法第1条（目的）——この法律は、公認心理師の資格を定めて、その業務の適正を図り、もって国民の心の健康の保持増進に寄与することを目的とする）。

　また、臨床心理士養成では、業務についての大まかな方向性の提示はおこなわれているが、公認心理師養成ではさらに進んで、細かく丁寧にその内容が提示されている。

この《公認心理師 実践ガイダンス》（全四巻）では、公認心理師カリキュラム等検討会『報告書』に準拠し、細かく丁寧に業務の方向性と内容を検討し、"四つの業務"について学べるようになっている。各巻の編者は、ベテランというより、これからのわが国の公認心理師の"四つの業務"をさらに充実・拡大していくことが期待される気鋭の中堅である。読者には、これら編者ならびに執筆者とともに、あすの公認心理師の現実化へと歩を進められることを心から願っている。

目　次

監修者まえがき ……………………………………………………………… 001

序　論 ……………………………………………………………………………… 009

理論篇

第1章　心の健康教育の現代的意義 ……………………………………… 015

第2章　心の健康教育としての心理教育 ……………………………… 027

第3章　五分野における現状と課題 …………………………………… 041

　保健医療分野 …………… 042

　福祉分野 …………… 050

　教育分野 …………… 057

　司法・犯罪分野 …………… 063

　産業・労働分野 …………… 069

実践篇

第1章　保健医療分野における心の健康教育 ……………………… 081

　ペアレンティング心理教育の実践 …………… 082

　リワークデイケアの実践 …………… 087

第2章 福祉分野における心の健康教育 ────── 093

母親へのストレスマネジメント ┈┈┈┈┈ 094

ひきこもり支援と地域の場づくり ┈┈┈┈┈ 100

第3章 教育分野における心の健康教育 ────── 107

学校における未然防止教育 ┈┈┈┈┈ 108

第4章 司法・犯罪分野における心の健康教育 ────── 115

性犯罪に関するプログラム ┈┈┈┈┈ 116

第5章 産業・労働分野における心の健康教育 ────── 123

リワークプログラムの実際 ┈┈┈┈┈ 124

大学職員のキャリア発達に対する実践例 ┈┈┈┈┈ 129

編者あとがき ────────────────── 137

索　引 ──────────────────── 141

凡　例

● 本書に収められている事例はすべて、現実のケースをもとに、個人が特定できないよう十
全に修正・省略などを施したものである。

● 本文中、行間のレファレンス記号・番号は、当該事項が他巻で触れられている箇所を記し
ており、全巻を横断しての参照に資することを期して振られている。
例）▶2-135　は「2 心理支援」の巻の135頁に言及があることを示す。

公認心理師 実践ガイダンス 4

心の健康教育

松本 剛・宮崎圭子 編著

assistant planner
Kumi MIYAKE

associate editor
Akiko KOBAYASHI

序　論

松本　剛・宮崎圭子

　公認心理師は、その登録を受けて［保健医療］［福祉］［教育］［司法・犯罪］［産業・労働］の五つの分野において、心理学に関する専門的知識及び技術をもって、主に次の四業務に従事するものである［公認心理師法第2条］。

① 心理に関する支援を要する者（要心理支援者）の心理状態を観察し、その結果を分析すること。
② 心理に関する支援を要する者（要心理支援者）に対し、その心理に関する相談に応じ、助言、指導その他の援助を行うこと。
③ 心理に関する支援を有する者（要心理支援者）の関係者に対し、その相談に応じ、助言、指導その他の援助を行うこと。
④ 心の健康に関する知識の普及を図るための教育及び情報の提供を行うこと。

　公認心理師の支援対象は、要心理支援当事者［①②］への支援、要支援者の関係者［③］に加えて、国民全体［④］のこころの健康の保持増進に寄与することが含まれる。心の健康に関する教育や情報提供（心の健康教育）に関する職務は、公認心理師の中心業務のひとつである。
　"心の健康教育"では、公認心理師の役割［①〜④］を広く国民に理解されるよう、その業務に関する理解の普及に努めることが求められている。社会における心の健康についての正しい理解は、要心理援助者や

その関係者への地域援助・社会支援の促進に貢献できるものであり、ひいては要支援者への社会的支援につながる。また、国民一人ひとりの心の健康を増進することにつながるものであるといえる。

"心の健康教育"は、心理学や心理支援に関する知識の普及に加えて、参加者自身の対人関係やストレスマネジメントにも貢献するものである。公認心理師が提供する「生物心理社会モデル」に基づいた"心の健康教育"は、個人から社会全体にわたるさまざまな視点から心の健康を考える機会を提供する機会となり、心理的要因に関わる諸問題の予防や健康増進に貢献することができる。

また、国民一人ひとりの心身両面の健康に貢献し、社会が相互扶助の関係性を持った場として機能することにもつながるものであるといえる。公認心理師は、国民の自己実現やウェルビーイングに貢献するものであるという認識をもって"心の健康教育"に取り組んでいくことが重要である。

本書は、公認心理師が貢献する［保健医療］［福祉］［教育］［司法・犯罪］［産業・労働］の諸分野領域に関わる"心の健康教育"について、その現代的意義、実際の取組について広くまとめられたものである。

「心の健康」からは［保健医療］分野に関連する啓発活動を、「健康教育」からは学校をはじめとする［教育］分野での実践を連想する読者もあると思われるが、実際には"心の健康教育"は特定の分野領域における啓蒙活動に留まるものではない。"心の健康教育"は、五分野での多岐にわたる現場にかかわるさまざまな対象への多様な目的や方法を伴う実践活動であることに、留意しておくことが大切である。

一方、各分野・領域における"心の健康教育"には、分野をまたいで相互に共通すると思われる留意事項や考え方もあれば、その分野・領域の特性に応じた内容をもつ部分もある。五分野でのさまざまな領域における"心の健康教育"のありようへの理解を進めることは、"心の健康教育"における公認心理師の役割や、それらの業務を遂行するにあたって他の専門家と連携する必要性を整理することにつながるものであると思われる。

　本書では、五分野のさまざまな領域における"心の健康教育"の現代的課題や理論的背景、さらにはその実際の取組を具体的に紹介し、"心の健康教育"の全体像を把握することができるようにした。
　例えば、連携する必要がある近接領域の専門家との連携に関する留意点にも言及するなど、各人の"心の健康教育"を実践するうえで参考になる記載に心がけた。
　本書を活用されることによって、公認心理師がさまざまなフィールドで"心の健康教育"に取り組み、社会に貢献するための一助になれば幸いである。

心の健康教育
理論篇

第 **1** 章

心の健康教育の現代的意義

松本 剛

1. 心の健康教育の必要性

(1) 心の健康へのかかわりの必要性

　現代社会には、うつ病、薬物依存症、心的外傷後ストレス障害（PTSD）といった心理要因も関連する課題が散見しており、心の健康対策の推進がもとめられている。身体の健康と心の健康とは不可分であり、身体との関連を見据えた自らの心のケアへの関心を高める必要がある。

　人々の健康には、自然災害や人的災害がかかわることがある。また、社会的決定要因として、社会格差・ストレス・幼少期・社会的排除・労働・失業・ソーシャルサポート・薬物依存・食品・交通など不健康につながるさまざまな状況〔Wilson & Marmot, 2003〕が関連している。このような環境下で、国民一人ひとりが、自らの健康観に基づいた健康づくりへの取組を進めることの重要性が指摘〔健康日本21, 2000〕されている。心のケアを中心とした個別の心理援助に加えて、広く心の健康にかかわる啓発的・教育的活動が必要である。

　事業場においては、事業者が講ずるように努めるべき労働者の心の健康の保持増進のための措置（メンタルヘルスケア）の推進が求められている。厚生労働省〔2017〕は、労働者の受けるストレスの拡大、精神障害等に係る労災補償状況の増加を背景として、心の健康問題が労働者、その家族、事業場及び社会に与える影響の大きさを指摘している。より積極的に心の健康の保持増進を図ることは、労働者とその家族の幸せを確保するとともに、我が国の社会の健全な発展という観点からも、非常に重要な課題となっている。事業者には、本指針に基づき、各事業場の実態に即した形で、メンタルヘルスケアの実施に積極的に取り組むことが望まれている。

(2)心の健康教育

心の健康に関する啓発・教育は、さまざまな分野において必要とされている。そのなかで、教育機関である学校では、すべての児童生徒が自己実現に向けて積極的に学校生活を送るためにも、心の健康教育が必要であるとされており、心のケアの進め方を学び、将来の心の健康につながる素地を育成する取組が進められている〔文部科学省, 2014〕。

世界保健機関〔WHO, 1994〕は、日常生活の諸問題に適切かつ積極的に対処し行動するために必要な心理的社会的能力である10種類のライフスキル【下掲】を示し、各国の学校の教育課程にこれらの習得を導入することを提案した。これらのスキルは、健康問題と社会問題を積極的に予防することによって幸福な生活を営むことにつながるものとして提起されたものである。

①意思決定、②問題解決、③創造的思考、④クリティカルな思考、⑤効果的なコミュニケーション、⑥対人関係スキル、⑦自己への気づき、⑧共感、⑨情動への対処、⑩ストレスへの対処。

日本の学校における心の健康教育においても、これらのライフスキルの向上につながる取組が実施されており、ソーシャル・スキル・トレーニング、構成的グループ・エンカウンター、ピア・サポート、アンガーマネジメント、ストレスマネジメント、SEL（social emotional learning）など心の健康教育に資する多くの実践例がある。これらの取組は、職場や福祉施設、司法関係機関、医療関連施設など他の分野における取組にも参考になる。

(3)公認心理師の役割

公認心理師の職責には「心の健康に関する知識の普及を図るため

の教育及び情報の提供」〔公認心理師法第2条第4項〕が含まれる。さまざまな心の健康にかかわる取組が求められている現状をみると、心の健康教育を推進するために、公認心理師もまたすべての国民をその対象として活動に参画する必要性があることがわかる。先述した諸課題への対応のためにも公認心理師は、「心の健康に関する知識の普及を図るための教育、情報の提供」を推進しなくてはならない。公認心理師がおこなう心の健康教育では、心の健康を取り戻す問題対処的な心理援助だけでなく、問題予防の意味も含めた、広く心の健康増進につながる活動が必要であるといえよう。

　心理支援のためには、社会環境へのアプローチが重要である。個人の人間的成長や自己実現、社会適応といった課題の背景には、調和の取れた人間関係や集団づくり、組織形成、ひいては社会の維持・改善といった、社会認識へのアプローチがもとめられる。心の健康教育を通じた心理支援への理解の普及は、心理支援の必要性への社会的認識を高めることにつながる。公認心理師は、受け身的な相談者からの支援要請に対する心理相談などの援助に加えて、心の健康教育のような、心の健康に関する知識普及を推進するための取組を進めていく必要がある。

2. 心の健康教育が果たす役割

　心の健康に関するさまざまな知見は、すべての国民が各世代を通じて生涯にわたって活用することが望まれる。石隈〔2017〕は、心の健康教育を「心の健康を維持するための知識を提供することであり、そのための力を育てること」であるとした。心の健康は、生涯にわたる個々のキャリア発達にとっても大きな要素となるものである。心の健康教育は、すべての世代に対する「生涯教育」のひとつとして位置づけられるものであるといえよう。

そのなかで、心の健康促進のための啓発やストレスマネジメントにかかわる講座などは、心の健康教育の中心的課題を扱うものである。公認心理師は、心理学にかかわるさまざまな理論を学び、実践的にそれらを応用している専門家である。公認心理師は、実証的な心理学の知見に基づき、国民の心の健康の維持増進に貢献できるよう役割を果たさなければならない。

心の健康教育が担うべき役割は多岐にわたる。心の健康教育には、以下に示すようにさまざまな役割がある。

(1)心の健康促進のための啓発

システマチックな現代社会では、人々は人間心理にかかわる課題に対応していくことを求められることが多い。「日常生活において生じるさまざまなストレスにどのように対処すればよいか」「心理社会的な変化に対応するためには、どのような心理的態度をもって日常生活を送ればよいか」など、現代社会には心理教育で扱うべき数多くのテーマが散見される。

心の健康教育において第一に求められる観点は、心の健康促進のための啓発である。心の健康教育は、人々の成長・成熟やエンパワメントの推進に寄与することが期待されている。人々が心の健康教育について学ぶことは、ストレスが軽減されたより適応的な生活の構築につながるものであると考えられる。心の健康教育では、心理的な知識や自己のふりかえりを通じて、日常生活においてより適応的に日々を過ごすことができるよう、心の健康を促進しうる心理教育的な内容がもとめられる。

(2)心の健康のための予防と危機介入

心の健康教育において求められる第二の観点は、心の健康のための「予防」や「危機介入」への啓発である。人生におけるいくつか

の場面において、危機的な状況に直面することは誰にでもある。先述したように、近年においても先の読めない不景気、疾病、大きな自然災害、深刻化する社会問題など、多くの人たちにとって深刻な状況を生み出すような環境変化がみられる。危機的な場面への備えをおこなったり、危機に直面した際にどのような影響がもたらされると予測されたりするかなどについて、あらかじめ知識を得ておくことは、それらへのより適切な対処を促すことにつながる。また、危機に直面した際やその事後においても心の健康教育が必要になる場面はありうる。これらの内容には、具体的なストレス対処の方法を体験的に学ぶことも含まれる。「予防開発的な心理教育」は心の健康教育の中核〔石隈, 2017〕になるものであると考えられる。

[支援の対象と心の健康教育]　危機的な状況に際して、公認心理師には、他の分野の専門家と協力しながら、特に心理的な啓発・支援・援助を進めていくことがもとめられる。予防の対象〔Caplan, 1964〕という観点から心の健康教育をまとめると、その対象はそれぞれ次の3群に分けられる。

- 一次予防　疾病や傷害が発生する前に、広く市民にはたらきかける。発生を予防する。ユニバーサル予防。すべての対象。
- 二次予防　早期発見・早期治療（対処）。発生した障害や状況の悪化を予防する。リスクのある対象への予防（選択的予防）。
- 三次予防　疾病や傷害から受ける生活活力の低下やこうむる社会的不利益などの最小化を図る。社会的不利益を予防する。既に緊急対応が必要だと思われる対象。

図1　予防の対象としての3群

心の健康教育は、一次予防として心理学の知見をもとに広く予防について

理解を促す教育活動が必要である。一方、二次予防段階にあると考えられる対象に対する心の健康教育では、参加者が個々の課題に目を向けつつ前向きにそれらに取り組めるよう配慮しながら、同時に公認心理師が直接心理支援をおこなう可能性があることにも留意して進める必要がある。また、心の健康教育によって、広く三次支援が必要な対象への理解や協力を得られる機会を得ることもできる。参加者各自に応じた、生活の見直しや予防に貢献できる心の健康教育を実施できるようにしたい。

[支援の時期と心の健康教育]　心の危機対応への心理援助の際、公認心理師にもとめられる援助のありようは、プリベンション（事前対応 prevention）、インターベンション（危機介入 intervension）、ポストベンション（事後対応 postvension）という三つの時期に応じたものとなる。プリベンションでは、一次支援・二次支援が中心であるが、インターベンションでは三次支援を中心とし、さらには危機後の対応としてのポストベンションにも必要な支援がある。

　心の健康教育は、これらのうちプリベンションの段階で実施されることが多いが、場合によってはインターベンションやポストベンションの段階における実施も考えなくてはならない。インターベンションにおける心の健康教育では、危機的な状況下では心理的な諸反応が生じる場合があることについて広く啓発を進め、それらへの即時対応に役立つ情報を提供する役割がある。さらに、ポストベンションにおいては、PTSD などへのより適切な対応について、これまでの知見をもとに啓発するなどの役割を担う。

(3)アドボカシーとしての心の健康教育

　心の健康教育の意義のひとつには、社会における心理的な課題について、多くの人たちに理解を促すということがある。当事者の権

利を当人に代わって伝えることやその支援をおこなうことをアドボカシーという。心の健康教育によって、マイノリティの状態にあってあまり知られていない心理的諸課題への人々の理解が深まることがある。自分とは直接関わりがないと思われていた事象にふれることによって人々の認識の変化が生じることもある。さまざまな課題に直面している当事者の心理、その周囲にいる人たちの心理について広く理解を広げることは、当事者の心理的な適応を社会が促進していくことにもつながる。

　心の健康教育には、個々への支援に留まらない集団や社会へのアプローチをおこなうという側面があり、さまざまな社会的変化につながる機会となることが期待できる。現在は当事者ではない課題であっても、多くの人に心理的な課題への理解を広げることにより、受講者はさまざまな課題に目を向けたり、自分自身との関わりを意識したりすることができるようになる。一人ひとりを大切にする社会の実現に向けて、諸課題への心理的な理解は重要な側面となる。心の健康教育への参加によって、さまざまな社会的影響が生まれることもありうるのである。心の健康教育が担うアドボカシーの側面は、人権教育へのコミットにつながっているといえよう。

(4)心の健康教育におけるファシリテーターとしての役割

　人々の心の健康の維持増進への貢献のためには、啓発的な心の健康教育が求められるが、心の健康教育を進めるにあたり、公認心理師には一方的な知識の伝達に留まらない役割がある。公認心理師には、参加者個々人の心の健康に対する課題への意識化やその取組に対して、即時的な対応が求められるということである。

　受講者がどのような反応を示し、どのような内容についてさらに知りたいと感じているか、疑問に思っていることを引き出せているか、受講者にとって今後の生活にどのように生かすことができるか

について考えられているかなど、心理の専門家として心の健康教育をどのように受講者に捉えられているかを理解し促進するファシリテーターとしての役割が欠かせない。

　心の健康教育を進めるにあたっては、日常的に心理面接に関する力量を養い、心の健康教育への参加プロセスにおいて課題が明在化した参加者がいれば、その参加者に個別に対応するなど、即時対応ができるようにしておくことが望まれる。それに加えて、グループ・
▶3-43,69,112〜116　　　　　　　　　　　　　　　　　▶3-43,45,69
カウンセリングやエンカウンターグループなどの経験を積み、ファシリテーターの研修に参加するなど、集団への対応に関するファシリテーターとしての力量を養うようにして、心の健康教育において参加者の集団への対応への準備を進めておくことが肝要である。

3. 他職種との連携とアカウンタビリティ

　公認心理師が主として活躍する場には次にあげる五分野が示されており、その利用対象者は多岐にわたる。またこれらの分野を越えて、広く国民全体に心の健康教育を推進していくことが望まれるところである。

【保健医療分野】　病院・診療所、介護療養型医療施設〔2019年現在〕、保健所・市町村保健センター、精神保健福祉センター、介護老人保健施設など

【福祉分野】　障害福祉サービス事業所、障害者支援施設、福祉ホーム、児童福祉施設、保育所・認定こども園、救護施設・更生施設、介護老人福祉施設、地域包括支援センター、婦人相談所、発達障害者支援センター、市町村社会福祉協議会、知的障害者更生相談所、ホームレス自立支援施設、子ども・若者総合相談センターなど

【教育分野】　学校、教育委員会、適応指導教室、教育センター相談室

など

【司法・犯罪分野】 裁判所、刑務所、拘置所、少年院、少年鑑別所、保健観察所、更生保健施設など

【産業・労働分野】 健康管理センター・相談室、広域障害者職業センター、障害者就業・生活支援センターなど

　これらの諸施設を利用する人たちに加えて、共に働く他職種のスタッフとの間においても、心理職が担う役割を十分に認識・理解してもらうことが重要である。公認心理師には、自らの活動について理解を得るために、周囲や利用者に正しく理解してもらえるよう、その職務内容を説明する責任（アカウンタビリティ）がある。心の健康教育の一環として、公認心理師は自らの職務について周囲にも利用者にも十分な理解を促すことができるよう努めなければならない。

　心の健康教育は、共働する他職種のメンタルヘルスを進めることも含まれる。公認心理師は、同僚である支援者や職員に対してもまた、心の健康教育を担うことが必要になる場合がある。支援をおこなう人々にはさまざまな心理的負担が生じることが多く、援助が必要であると思われる場合も散見される。ストレスマネジメント、心の健康を維持するうえで知っておくと役立つこと、自身の心理的な負担への気づきや対処などについての情報提供は有益である。

　そのためには、利用者だけでなく同僚との関係性においても、しっかりと連携できる素地を作り、場合によっては適切な心理援助ができるよう、職場における心の健康教育への貢献に参画するようにしておくことが大切である。ここでいう心の健康教育は、対人援助職の専門家への教育であり、それは同時に、他職種の役割を心理職が十分に理解しようとする姿勢がもとめられているということでもある。

　他職種とのコラボレーションを進めるうえで、専門性の相互理解

は欠かせない。対人援助には多様なかかわりの方法があり、それぞれが協力しあってさまざまな課題解決を進める協働的リーダーシップのありかたが問われる。実際には、対人援助はさまざまな立場からの援助の複合体として進められるものであり、それぞれが役割分担していることを自覚しながら心の健康教育を進めることが重要である。異なる専門性を理解しあい、さまざまな支援のありようの中で、心の健康教育が担当しうる部分についての位置づけを理解し、またその限界にも目を向けておくことが大切である。

4. 心の健康教育の効果検証

さまざまな対象が想定される心の健康教育の実践では、受講者・参加者からの多くの反応が予想される。それらを査定しながら、提供すべき心の教育の内容を常に吟味していく姿勢が重要である。

評価シートへの質問項目としては、次のような内容が考えられる〔Wilson & Marmot, 2003〕。各項目は例えば、とても（5）、やや（4）、どちらでもない（3）、あまり（2）、まったく（1）などの選択評価をもとめることができる。

● このワークショップは興味深いものでしたか？
● このワークショップには価値があると思いましたか？

また、内容記述には、例えば次のようなものがある。
● ワークショップのどの部分が興味深かったですか？
● ワークショップのどの部分があまり役立たないと思いましたか？
● どのような内容があなたにとって必要だと感じましたか？
● どのような内容について、より学びたいと思いますか？

心の健康教育を進めるためには、一方的な伝達だけではなく、心

理の専門性を生かした参加者との双方向の相互理解が欠かせない。常に内容のリフレクションを繰り返し、その内容の充実に取り組んでいくことが望まれる。

文　献

Caplan, G. (1964). Principles of preventive psychiatry. Basic Books, Ink.　新福尚武（監訳）(1970)『予防精神医学』朝倉書店.

石隈利紀 (2017).「心の健康教育に関する理論と実践」野島一彦（編）『こころの科学　公認心理師入門——知識と技術』日本評論社.

健康日本21企画検討会・健康日本21計画策定検討会 (2000).「21世紀における国民健康づくり運動（健康日本21）について」報告書.

厚生労働省独立行政法人労働者健康安全機構 (2017).「職場における心の健康づくり——労働者の心の健康の保持増進のための指針」健康保持増進のための指針公示第3号, 平成18年.

文部科学省 (2014).「学校における子供の心のケア——サインを見逃さないために」

Wilson, R. & Marmot, M. (2003). Social determinants of health: The sold facts. 2nd edition. World health organization.　高野健人（監修・監訳）『健康の社会的決定要因』（第二版）.

World Health Organization (WHO) (1994). Life skills education in schools. JKYB研究会（訳）(1997), p.12.

●現場への眼差

- □ 心の健康教育が必要とされるようになった社会的背景には、どのようなことが挙げられるでしょう？
- □ 心の健康教育のプリベンション／インターベンション／ポストベンション各段階での活動を考えてみましょう。
- □ 心の健康教育をおこなうために公認心理師として日頃からどのような準備をしておく必要があるでしょうか？

第 **2** 章

心の健康教育としての
心理教育

宮崎圭子

1. 公認心理師法における「心の健康教育」の位置づけ

　2015年9月9日、公認心理師法が成立した。ここに、我が国初の心理職が誕生した。本法第2条では、公認心理師が行う業を以下のように定義している。

公認心理師法 第2条　定義

> 　第2条　この法律において「公認心理師」とは、第二十八条の登録を受け、公認心理師の名称を用いて、保健医療、福祉、教育その他の分野において、心理学に関する専門的知識及び技術をもって、次に掲げる行為を行うことを業とする者をいう。
> 　一　心理に関する支援を要する者の心理状態を観察し、その結果を分析すること。
> 　二　心理に関する支援を要する者に対し、その心理に関する相談に応じ、助言、指導その他の援助を行うこと。
> 　三　心理に関する支援を要する者の関係者に対し、その相談に応じ、助言、指導その他の援助を行うこと。
> 　四　心の健康に関する知識の普及を図るための教育及び情報の提供を行うこと。

　臨床心理学で使用されている言葉に言い換えると、第1項は心理アセスメント、第2項は心理療法・心理カウンセリング、第3項はコンサルテーション、第4項は心の健康教育（心の健康教育としての心理教育）と読み替えられるだろう。このように公認心理師の業に、心の健康教育が柱の一つとして定義されている。『公認心理師　現任者講習会テキスト〔2018年版〕』〔(財)日本心理研修センター監修, 2018〕で指摘しているように、第2条第1項から第3項までは、対象者が特定されている（例えば第1項、2項では「心理に関する支援を要する者」）。しかしながら、第4項では対象者が特定されていない。『公認心理師　現任者講習会テキス

ト』では、この第4項を「心理に関する問題を抱えていない人々を対象として、公認心理師の側から積極的に働きかけ、予防のために教育や啓発を行っていくこと」(p.222) と解釈している。

2. 心理教育の変遷

心理教育（サイコエデュケーション）のモデルは、1905年にプラット[Pratt, J.H.] 医師が肺病患者グループに情報とサポートを与え始めたのが最初と言われている [McWhirter, 1995]。以降、心理教育は、治療チームと家族メンバーとの間に協力的なリレーションシップを形成することを目的に展開され、家族が障害、その経過、症状、薬物治療、マネージメントについて学ぶことができるようデザインされてきた [例えばHolder & Anderson, 1990]。その後、短期間治療モデルを使うことが多くなるにつれ、心理療法の様態としての構造化されたグループが増えていく [Rice, 1995]。最近の心理教育は無数のトピックスを扱っている [Furr, 2000]。例えば、夫婦の関係強化 [Durana, 1996]、職場でのストレス軽減 [Kagan, et al., 1995]、ペアレンティング [Sheeber & Johnson, 1994]、離婚の調整 [Zimpfer, 1990] などその守備範囲は極めて広いことが伺える。上述の流れを概観してみると、心理教育が医療領域から出発して、疾患を持たない人々の課題に対しても幅広く活動を展開してきていることが理解される。この動向が心理教育の定義にも表れている。ゴールドマン [Goldman, C.R., 1988] は、心理教育を次のように定義している——「患者の病気を彼が受容しやすくしたり、治療とリハビリテーションの活発な協力体制をプロモートしたり、障害の原因となっている不備を補償するコーピングスキルを強化するといった、治療とリハビリテーションのサービスを提供する領域においての、精神障害を持った人のための教育とトレーニングである」。

ところが、1990年代になると、心理教育での心理職の役割が変化

してくる。先のマックワーター〔McWhirter, I. I., 1995〕は、心理教育でのカウンセラー（学生相談）の役割を下記のように定義している──「現在また将来の心理的な問題を解決するために、学生が使うことができる対人的また個人的な技術と態度を教えること。そのねらいはクライエントが生活に多くの満足を得られるようにする技術を教えること」。また、コーニンら〔Conyne, R.K. et al., 1993〕はサイコエデュケーショナル・グループのリーダーを「ある特定の領域においての情報が不足してはいるが正常に機能している人達をグループで教育する人」として描いている。

そのアメリカの流れを追うように、岡林〔1997〕も心理教育を「臨床フレームでは解決できなくなった個々人の心理的かつ多様な問題に対処する、教育フレーム（心理的なスキルを教授することに焦点を当てる）からの広い意味でのカウンセリングのアプローチである」と定義している。

3. 心理教育の医療領域における意義

マックワーターが指摘しているように、心理教育が教育領域ではなく医療領域で始まったという事実は興味深いことである。

治療とは「病気やけがを治すこと」である。治療を目的とした医療領域において、1905年、プラット医師が肺病患者グループにおこなった「エデュケーション（教育 education）」は、20世紀初期においての医療領域では斬新な発想であったといえる。事実、安西・池淵〔1997〕は心理教育について次のようなドラマティックな言葉を使って表現している。「心理教育という言葉が精神科リハビリテーションの分野に新鮮な響きを持って登場している。これは、①医療に対する時代の要請ともいうべきインフォームド・コンセントとエンパワメントへの対応として疾病についての知識・情報の提供が求められて

いること、②感情表出［EE］から発展した家族介入研究で分裂病やう
▶2-85/3-66
つ病の再発予防（再発遅延）効果が立証されたことなど、幾つかの要
因により普及が促進されている」。病気やけがを「治療する」現場で
「教育」をおこなうという、斬新なその発想が有効であり、患者の
ニーズに合致していたからこそ、医療領域において営々とそのアプ
ローチは続けられ、今もなお発展し続けているのである。

4. メンタルヘルスの定義の変遷

メンタルヘルスは当初、疾患モデルとして議論されていた［佐藤，
2010］。しかしながら、現在はその概念が大きく変容している。WHO
（世界保健機関）は、メンタルヘルスを非常に大きな概念として定義し
ている［2003］。つまり、「単に疾病に罹患しておらず、衰弱していな
い状態ということではなく、身体的、精神的、社会的に良好な状態」
［訳：宮崎］なのである。WHOがメンタルヘルスを上記のような大概念
として定義したのも、今まで概観してきたような研究および社会の
動向が背景にあったと推測される。上述した岡林［1997］の心理教育の
定義、マックワーターのカウンセラーの役割には、疾患モデルでは
なく、開発・発達モデルとしての要素が濃厚だからである。

5. 公認心理師法第2条と心理教育

再度、公認心理師法に戻ってみよう。先述したように、㈶心理研
▶3-66,67
修センターは、この第2条第4項を、「予防」としての心の健康教育
として捉えている。つまり対象者はあくまでも問題を抱えていない
人たちとなる。つまり、前述の2.～4.で論じてきたように、公認心
理師法第2条第4項は近年の心理教育（疾患を持たない人々の課題にも対
応）を指していると理解してよいだろう。

そこで本章においては、心理教育を医療領域外としてのそれとしての位置づけで検討していくこととする。

6. いろいろな心理教育グループ

もちろん、心理教育は心理職が一人の被支援者に対しておこなうことも可能である〔例えばFristad et al., 1999〕。カウンセリングルームのなかで、一人のクライエントに対して助言・指導する際には、心理教育の枠組は便利である。しかしながら、心理教育が「教育」に軸足を置いたアプローチである以上、より多くの人数に対して実施する方が、効率が良い。それゆえ、グループを対象とした、心理教育グループ〔以下、サイコエデュケーショナル・グループ〕の研究、実践が多くなされている。

本項では、医療領域以外の（つまり治療の枠組以外の）、サイコエデュケーショナル・グループを紹介したい。読者の方々にもサイコエデュケーショナル・グループのイメージが深まると思われる。

(1)アンガー・マネジメント、非行防止のサイコエデュケーショナル・グループ

ケルナーとブライ〔Kellner, M.H. & Bry, B.H., 1999〕は、学校でおこなったアンガー・マネジメントのプログラムの効果を検証している。このプログラム介入の結果、教師・両親は子どもたちの攻撃的な行動が有意に改善されたと報告している。プログラム内容は次のとおりである。1. 日常の怒りのことをノートに書く（怒った時の出来事、状況、どのようにその出来事を操作したか、どの程度の怒りか、どの程度うまく怒りをマネージできたか）。2. リラクセーション、深呼吸、数を数えるなどのエクササイズを教える。3. 怒りに付随する認知を分析することで、怒りを長引かせたり強くさせるような考えに対して落ち着かせるための方法を教える。4. グループミーティング時に起こる怒りを引き起こす出来事はロールプレイで分析する。5. 怒りを抑制するために、

彼らにグループリーダーになってもらう（このことで、被験者はアンガー・マネジメントの理論を理解し学んだことを強化し、ソーシャルスキルとセルフエスティームを発達させる）。6. 終結時にセレモニーをおこない、修了証書を授与する。

(2)両親が離婚した子どもたちのためのサイコエデュケーショナル・グループ

スラヴキン〔Slavkin, M.L., 2000〕は、両親が離婚した子どもたちのための、心理教育としてつくられた Building Healthy Families Model の有効性を検証した。親の教育のシリーズ、親のためのサイコエデュケーショナルワークショップ、子どものためのカウンセリングプログラム、以上の三つから構成されている。地域の政府機関の補助金と人員によって運営されていることは特記されるべきであろう。

(3)デス・エデュケーション

デス・エデュケーションとは、積極的に死について学ぶだけではなく、人の命が限りあるものであるということを前提にした教育プログラムのことをいう。宮崎〔2015〕は、デス・エデュケーションには二種類あるとしている。一つは、死に直面した人の死への不安を軽減するためのデス・エデュケーションである。二つ目は、健常者に対して死を見つめ今生きていることを感じさせるものである。特に後者のデス・エデュケーションに関して、デーケン〔Deeken, A., 1994〕は死をタブー視せず身近な問題として考え、生と死の意義を探求し、自覚を持って自己と他者の死にそなえての心構えをさせることの重要性を説いている。
▶2−52,53,66〜68

宮崎〔2015〕は、実存的アプローチによるデス・エデュケーションプログラムを開発し、その効果を検証している。この介入は90分、1回のセッションであり、かつ三つのエクササイズから構成されている。参加者はある母親が息子の白血病に苦しむという映画の一部を

見る。①母親が葛藤に苦しむという場面。参加者はその場面を観て、感想を書く、②母親がそれまでの葛藤に「答え」を見出すシーンを観る。その後、参加者はグループディスカッションをする。ディスカッションのテーマは「（息子に闘病させることに対して）なぜ母親は二度と迷わなかったのか?」である。③最後に全体でシェアリング、というプログラムである。このプログラム実施後、参加者の時間イメージと実存性が改善された。

7. 心理教育のプログラム

　非常に汎用性のある6ステップモデル〔Furr, 2000〕を紹介しておこう。ステップ1は目的の宣言、ステップ2はゴールの確立、ステップ3は目標の設定、ステップ4は内容の選択、ステップ5はエクササイズのデザイン、ステップ6が評価となっている。例として、大学生を対象としたセルフエスティームを構築するグループを【表1】に掲載しておく。

　心理教育（サイコエデュケーション）は、1905年にプラット医師が肺病患者グループに情報とサポートを与え始めたのが最初と言われている。以降、心理教育は、医療分野において、患者の家族が障害、その経過、症状、薬物治療、マネージメントについて学ぶことができるようデザインされてきたのである。しかしながら、近年、疾患を持たない人々の課題に対しても幅広く活動を展開してきている。この動向が心理教育の定義にも表れている。また、多くのトピックス（アンガー・マネジメント、デス・エデュケーション、ストレスマネジメントなど）に対しても幅広く活動が展開されてきている。公認心理師法第二条にも、その動向が反映されている。第二条の第1項から第3項までは、その援助対象者が特定されている。第1項と2項は「心理に関する支援を要する者」であり、第3項は「心理に関する支援を要

表1　セルフエスティームを構築するサイコエデュケーショナル・グループ例（大学生を対象に）

ステップ1　目的の宣言

このグループは、自分自身に対してよりポジティブな感情を発達させたいと願う学生達のためにデザインされる。このグループデザインは、セルフエスティームは第三者との相互作用を通して学ばれるものであるという仮説に立っている。セルフエスティームは自分自身を知る能力、自分が持つ強さと限界を含めて、無条件に自分を受け入れカウンセリング続けることができる能力と定義されている。人はポジティブにもネガティブにも決められて生まれてくる訳ではなく、どちらの方向にも発達することができる能力を持って生まれてくるだけである。

ステップ2　ゴールの確立

1. セルフトークとセルフエスティームとの関係を理解すること、そして不適切なセルフトークを修正すること、2. ポジティブな感情を相殺するようなセルフトークがどのように感情に関係するかを知ること、3. 信念やセルフトークや感情がどのように行動に影響するかを参加者たちが理解できるよう援助する。また、行動変容につながるような変化を識別できるよう手助けする。

ステップ3　ゴールのための目標の設定

a. 参加者たちはセルフトークを識別することを学び、ポジティブなセルフトーク、ネガティブなセルフトーク、コーピングとしてのセルフトークを区別することができるようになる、b. 参加者たちはセルフエスティームとセルフトークの関係を定義するようになる。そして、どのように個人的なセルフトークがセルフエスティームに影響を及ぼすかを識別するようになる、c. 個人的でネガティブな表現を識別すること、ネガティブな表現をポジティブもしくはコーピング的な表現に変える方法を学ぶ。

ステップ4　内容の選択

セルフトークとセルフエスティーム

この時点で、セルフトークの概念とセルフエスティームに関与するものについて説明される。自分が自分に言う事というのは、自分たちのエスティームレベルを変容させるもっとも便利な要因の一つである。この点を説明する一つの方法として、低い点数の試験が戻った時についてグループに考えさせる。そして、彼らのセルフエスティームを維持することができないようなことを自身に話しかける、そんな「自身に話しかける内容」とはどのようなものかを問う。そして、自身に話しかける事を知るということは、

残りのセッションにおいてもグループがし続けることであるということを強調する。
セルフトークを変えることは自身についての感情を変えることであるという、この原則を説明する。

ステップ5　エクササイズのデザイン

「セルフトークを変えること」
a. 左欄にネガティブセルフトークの例を書き、右欄には、ネガティブセルフトークをポジティブもしくはコーピングトークにどのように変えるかの例を書いた資料を配布する。リーダーは、最初の例を読むよう、セルフトークのタイプの違いを言うよう、メンバーにお願いしてもいいかもしれない。また、リーダーは参加者たちの個人的なネガティブセルフトークの例を挙げてもらい、それらをポジティブもしくはコーピングセルフトークに変えるような方法を見せてもいいかもしれない。
b.〈スモールグループの活動〉
三人一組になってもらい、資料の例を読み合う。そこで、ネガティブセルフトークをポジティブもしくはコーピングトークに変えてもらう。この作業が終わると、自分たちのセルフエスティームを下げるような典型的なセルフトークを識別する。セルフエスティームを下げないような方法で、参加者たちはお互いにセルフトークを変える事を助けあう。
c.〈グループ全体で討議〉

ステップ6　評価

a.〈プロセスの評価〉
2回目のセッションの終了時、メンバーはこの活動から何を学んだか、自分たちのゴールに辿りつくためにこの情報をどのように使うか尋ねられる。加えて、どの活動、どの情報が自分たちにとってヘルプフルではなかったかを尋ねる。
b.〈結果の評価〉
セルフエスティームとセルフトークの識別において、プレテストとポストテストの比較をする。
c.〈結果の評価〉
ネガティブな表現のリストを参加者に与える。そしてそれらをポジティブもしくはコーピング的な表現に変えさせる。

Furr〔2000〕より〔訳：宮崎〕

する者の関係者」である。ところが、第4項は対象者が特定されていない。ただ単に「心の健康に関する知識の普及を図るための教育及び情報の提供を行うこと」とあるだけである。これは広く一般の人々を対象としているからであると解釈されている。ここに、公認心理師が、特定の人々だけではなく、一般の人々も含めた広範囲な援助活動をすることが求められていることが理解されるだろう。

　心の支援といえど、心理教育はその言葉どおり、「教育（エデュケーション）」なのである。教育に軸足を置いたアプローチである以上、より多くの人数に対して実施する方が、効率（教育効果）が良い。それ故、グループを対象とした、心理教育グループの研究、実践が多くなされているのである。公認心理師カリキュラム等検討会ワーキングチーム〔2017a, 2017b〕でも、一般の人々を集団として、主に予防のために心の健康の重要性を教育することであると説明している。

文　献

安西信雄・池淵恵美 (1997).「サイコエデュケーションの概念と展開」臨床精神医学 26(4), 425-431.

Conyne, R.K., Wilson, F.R., Kline, W.B., Morran, D.K. & Ward, D.E. (1993). Training group workers: Implications of the new ASGW training standards for training and practice. Journal for Specialists in Group work, 18(1), 11-23.

Deeken, A. (1994).『死とどう向き合うか』日本放送協会(編), NHK ソフトウェア.

Durana, C. (1996). A longitudinal evaluation of the effectiveness of the pairs psychoeducational program for couples. Family Therapy, 23, 11-36.

Holder, D. & Anderson, C.M. (1990). Psychoeducational family intervention for depressed patients and families. In Keither, G.I.(Ed.), *Depressed and families: Impact and treatment*, pp.57-184. Washington, DC.; American Psychiatric Press.

Fristad, M.A., Gavazzi, S.M. & Soldano, K.W. (1999). Naming the enemy: Learning to differentiate mood disorder "symptoms" from the "self" that experiences them. Journal of Family Psychotherapy, 10(1), 81-88.

Furr, S.R. (2000). Structuring the group experience: A format for designing psychoeducational groups. Journal for Specialists in Group Work, 25(1), 29-49.

Goldman, C.R. (1988). Toward a definition of psychoeducation. Hospital and Community Psychiatry, 39(6), 666-668.

Holder, D. & Anderson, C.M. (1990). Psychoeducational family intervention for depressed patients and families. In Keither, G.I.(Ed.), *Depressed & families: Impact and treatment*, pp.57-184. Washington, DC, American Psychiatric Press.

一般財団法人日本心理研修センター(監修) (2018).『公認心理師 現任者講習会テキスト〔2018年版〕』金剛出版.

Kagan, N., Kagan, H., & Watson, M. (1995). Stress reduction in the workplace: The effectiveness of pshchoeducational programs. Journal of Counseling Psychology, 42,71-78.

Kellner, M.H. & Bry, B.H. (1999). The effects of anger management groups in a day school for emotionally disturbed adolescents. Adolescence, 34(136), 645-651.

McWhirter, J.J. (1995).「学生のためのグループカウンセリング——心理教育的グループに関する最近の理論と傾向」(通訳: Cusumano, J.) 学生相談研究 16(1), 53-59.

宮崎圭子 (2015).「実存的アプローチによるデス・エデュケーションプログラムの効果研究」ストレス科学研究 30, 150-156.

岡林春雄 (1997).『心理教育——psychoeducation』金子書房.

Rice, A. (1995). Structured groups for the treatment of depression. In K.R. MacKensie (Ed.), *Effective use of group therapy in managed care* (pp.61-96). Washington, DC.; American Psychiatric Press.

佐藤 隆 (2010).「メンタルヘルスとは何か」
http://www.sipe-selye.co.jp/lecture/2010/05/post-22.html

Sheeber, L., & Johnson, J. (1994). Evaluation of a temperament-focused, parent-training program. Journal of Clinic Child Psychology, 23,249-259.

Slavkin, M.L. (2000). The building healthy families model: Psychoeducational practice with children of divorce. Journal of Divorce & Remarriage, 32(3/4), 1-17.

World Health Organization (2003). Investing in Mental Health. http://www.who.int/mental_health/media/en/investing_mnh.pdf

Zimpfer, D. (1990). Groups for divorce/separation: A review. Journal for specialists in Group work, 5, 51-60.

●現場への眼差 ··

☐ 近年の心理教育の特徴について、公認心理師に求められている役割と併せて考えて
　　みましょう。

☐ なぜ心理教育はグループ・アプローチとなることが多いのか、その理由を考えてみ
　　ましょう。

☐ 現在関わっている(関わろうとする)現場で、どのような活動が可能でしょうか?

第3章

五分野における現状と課題

保健医療分野

野田哲朗

1. 心の健康について

厚生労働省は心の健康を「自分の感情に気づいて表現できること（情緒的健康）、状況に応じて適切に考え、現実的な問題解決ができること（知的健康）、他人や社会と建設的でよい関係を築けること（社会的健康）」と定義し、生活の質 (QOL) に大きく影響するものと述べている。▶3-119

本来、心と体は分けて考えることはできない。心身症という用語が示すように、ある種の疾病の発症や進行には、心理的な要因が影響すると考えられている。例えば、ストレスが過剰になると風邪などの感染症にかかりやすくなったり、心臓病になることがある。また、糖尿病などの身体疾患は抑うつ状態のみならず、うつ病、不安障害などの精神疾患を合併しやすいことも知られている。

したがって、心の健康を保つには、適度な運動、バランスの取れた栄養・食生活によって体の健康に留意しながら、休養や十分な睡眠をとり、ストレスと上手に付き合うことが必要とされている。

2. 心の健康づくりの必要性

(1)感染症対策からの成人病対策へ

社会の発展段階や医療の進歩により健康の捉えられ方は、大きく変わってきた。明治期から戦後の一時期まで、国民病と怖れられていた結核だったが、ストレプトマイシンなどの抗生物質の発見や結

核対策により、結核死亡率が減り、1951年には、結核に代わって脳血管疾患が死因の第1位、1953年には悪性新生物（がん）が第2位、1958年には心疾患が第3位となり、いわゆる成人病が死因順位の上位を占めるようになった。

　その後、生活水準の向上に伴い、身長、体重の良好な増加が見られ、平均寿命が延びるようになったが、高度経済成長が進展するなか、都市化、人口の高齢化、運動量の不足から、成人病の増加が問題となり、国民一人一人が「自分の健康は自分で守る」という自覚と認識を持つことが大切だと考えられるようになった。1978年から十ヵ年計画で、健康診断の充実による疾病の早期発見・早期治療、市町村保健センターの設置、健康づくりの普及啓発を主とした第一次国民健康づくり対策が開始される。

(2)心と体の健康づくりへ

　技術革新は作業様態の急激な変化をもたらし、労働者のストレス増加に伴い心の健康対策が課題となった。1988年に労働安全衛生法が改正され、労働者の心と体の健康づくり（トータル・ヘルスプロモーション・プラン）を推進することになり、ストレスに対する気づきへの援助、リラクセーションの指導がされるようになる。それまで、保健医療分野では、「治療」のみに力点がおかれていたが、一次予防、二次予防が重視されるようになったのである。その後、日本人の平均寿命は更に伸び続け、人生80年時代を積極的に生きるために80歳になっても身の回りのことができて、社会参加もできるという趣旨の「第二次国民健康づくり対策（アクティブ80ヘルスプラン）」が1988年度から十ヵ年計画で開始される。ここでは、健康づくりの三要素である栄養、運動、休養のうち遅れていた運動面での健康づくりに力が入れられるようになった。1996年には、食習慣、運動習慣、休養、喫煙、飲酒などの生活習慣が、その発症・進行に関与する疾

患群として加齢でなる「成人病」の概念から「生活習慣病」という概念に変わるようになる。生活習慣の改善により疾病の発症・進行が予防できるという認識を醸成し、行動に結びつけていこうというものであった。

(3)健康日本21の時代

　日本人の自殺者数がそれまで、24,000人から25,000人で推移していたのが、1998年に一挙に31,000人に増加するという異常事態が発生する。自殺は、さまざまな要因が絡まり、追い詰められた末にうつ病などの精神疾患に罹患した結果と考えられ、自殺予防には、人々の心の健康をいかに保つかが課題となった。

　2000年に、生活習慣病やその原因となる生活習慣の改善等に関する課題について目標などを選定し、国民が主体的に取り組める新たな健康づくり運動として「21世紀における国民健康づくり運動（健康日本21）」が策定されたが、このなかでも心の健康の目標値が設定され、現在、「健康日本21（第二次）」が実施されている。
　また、改正労働安全衛生法に基づくストレスチェック制度が、2015年から50人以上の事業所で実施することが義務づけられるようになった。このストレスチェックは、メンタルヘルス不調の一次予防が目的とされている。

　このように、心の健康の保持増進がますます重視されるようになっている。

3. 心の健康づくりの課題

　保健医療分野における心の健康の課題を、「健康日本21」から考えてみよう。「健康日本21」は、①栄養・食生活、②身体活動・運動、③休養・心の健康づくり、④たばこ、⑤アルコール、⑥歯の健

康、⑦糖尿病、⑧循環器病（脳卒中を含む）、⑨がんの九分野からなる具体的な目標を設定し、十ヵ年で壮年期死亡の減少、健康寿命の延伸及び生活の質の向上を実現することを目標にした。

　休養・心の健康づくりとして目標値が設定されたのは以下の3点であった。

(1) ストレス：「平成8年（1996年）度健康づくりに関する意識調査」によると、調査前1ヵ月間にストレスを感じた人の割合が、54.6%とストレスを感じている人が多く、目標値を1割以上の減少としている。
(2) 睡眠：睡眠によって休養が十分にとれていない人の割合が23.1%、「眠りを助けるために睡眠補助品（睡眠薬・精神安定剤）やアルコールを使うことのある人」が14.1%減少となり、これも目標値を1割以上の減少としている。
(3) 心の病気への対応：うつ病などに対する適切な治療体制の整備等を図り、自殺者数を22,000人以下にする。

　ところが、14年後の2010年度に評価したところ、睡眠による休養が十分にとれていない人の割合は減少したものの、ストレスを感じた人の割合や、睡眠の確保のために睡眠補助品やアルコールを使う人の割合は増加した。国民全体の自殺率は低下しているものの、自殺者数は3万人前後の状態が続いていた。また、患者調査では、うつ病が増加し、メンタルヘルス不調や精神疾患による長期休職者が増加していることが複数の調査から報告されていた。

　そのため、2013年から開始された「健康日本21（第二次）」の心の健康に関する目標値として、①自殺者数（人口10万人当たり）21.0〔2010年〕を、自殺総合対策大綱の見直しの状況を踏まえて設定する、②気分障害・不安障害に相当する心理的苦痛を感じている者の割合10.4%

〔2008年〕を2022年までに9.4%〔2022年〕に減少させる、③メンタルヘルスに関する措置を受けられる職場の割合47.2%〔2010年〕を2022年までに100%〔2020年〕に増加させる、ことになった。ちなみに自殺総合対策大綱は、自殺対策基本法に基づき、政府が推進すべき自殺対策の指針として、2007年にはじめて策定され、2012年に全体的な見直しがおこなわれた。このなかで、自殺者（人口10万人あたり）を、2026年までに13.0以下に減少させることを目指すことにしている。

4. 心の健康教育とは

　ここで、心の健康教育、心理教育（サイコエデュケーション psychoeducation）といった類似用語について整理する。心理教育・家族教室ネットワークによると、心理教育は「精神障害やエイズなど受容しにくい問題を持つ人たちに、正しい知識や情報を心理面への十分な配慮をしながら伝え、病気や障害の結果もたらされる諸問題・諸困難に対する対処法を習得してもらう事によって、主体的に療養生活を営めるように援助する方法」と定義されている。予防概念でいう三次予防（既に問題を抱えている人々を対象に、再発・悪化・周囲への悪影響を防ぐ）にあたる。一方、心の健康教育は、公認心理師法第2条第4項に「心の健康に関する知識の普及を図るための教育及び情報の提供を行うこと」とあるので、一次予防（疾患の未然予防）が目的となっている。すなわち、一般の人々（集団）やリスクが高まっていると判断されていない人々への普遍的予防が中心となる。

　健康日本21で求められている心の健康づくりに従えば、ストレス対策、睡眠障害・気分障害・不安障害の予防、自殺予防、とりわけ、職域でのメンタルヘルス対策に心の健康教育を組み入れる必要がある。

5. 心の健康教育に用いられる技法

　厚生労働省は、心の健康を保つための対策として、ストレス対策をあげているが、エビデンスが証明されている認知行動療法に基づいた心理技法によるストレスマネジメントを目的とした心の健康教育の実践が有効と考える。

　ハンス・セリエは、ストレスを「外部環境からの刺激によって起こる歪みに対する非特異的反応」と考え、ストレッサーを、「ストレスを引き起こす外部環境からの刺激」と定義している。ホルムズとレイは、生活上のあらゆること、ライフイベントがストレッサーになることに着目し、配偶者の死を100点とし、ちょっとした法律違反11点までの43項目のライフイベントからなる社会的再適応尺度を作成し、過去一年間に起きたライフイベント項目の点数を合計し、200点から300点あれば、半数以上が心身の病気になることを明らかにした。

　しかし、同じライフイベントを経験しても、元気で生活している人と病気に罹患する人がいる。この違いに着目したのが、ラザルスのストレス理論である。

　ラザルスは、ストレッサーに対して一次評価、二次評価の二つの評価プロセスがあると考えた。一次評価は、ストレッサーに対して、その人の持つ価値観や考え方、すなわち認知の在り方によってストレスフルになるのか適度なストレスになるのかが異なってくる。二次評価は、ストレスフルと判定されたストレッサーにどのように対処するのか、いわゆるその人の選択できるコーピングのいずれを取るのかを判断することになる。その選択したコーピングにより、解決しなければストレス反応が強まり、コーピングの再選択がおこなわれる。そして、解決すれば成功体験につながる。なお、ラザルス

は、現代人は、交通渋滞や満員電車、仕事量の多さなどの日常生活の苛立ちごと（デイリーハッスル）をストレッサーとして重視している。

　ここで、ストレッサーに対する一次評価に関与する認知において、非合理な認知が認められれば、ベックの認知療法やエリスの論理情動行動療法が活用できる。自動思考や思い込みを本人がモニターし修正することにより、非合理な認知が修正され、ストレッサーをストレスフルに感じることが少なくなる。また、二次評価において個人が選択可能なコーピングのレパートリーが少ないと、成功する確率も下がってしまう。したがって、この選択肢を増やすことを求めることになる。近年、評価されているマインドフルネスは、「今ここでの体験に、評価を入れず、とらわれのない状態のまま、ただ観察していく心的活動およびその状態」と定義され、ストレッサーをアクセプタンスする手法として活用できる。

　また、心の健康の保持に重視される睡眠であるが、「眠いときだけ床に入る」「十分に眠れなくても毎朝同じ時間に起きる」ことの実践が、睡眠薬と同等の治療成績があることも示されており、心の健康教育によって睡眠についての適切な知識の普及を促したいところである。

6. 心の健康教育の今後

　疾病を未然に防ぐ一次予防は、効果の評価がし難いだけに、どのようにおこなえばいいのか、悩めるところである。とりわけ、疾患のハイリスク者ではない集団を対象にするポピュレーションアプローチは、来談者中心に心理業務をおこなってきた心理技術者にとっては、新たな手法といえるであろう。しかし、これまで学習してきた様々な知識・技法が活用・応用ができる魅力的な領域でもある。

一次予防を目的とする心の健康教育であるが、対象者には実際ハイリスク者が含まれていることが多々あり、二次予防（疾患の早期発見・早期治療）にも繋がる可能性がある。医師、看護師、栄養士など多職種で心の健康教育に臨めばより有意義な実践になるはずである。

　心の健康の悪化は、自死といった悲しい結末を迎える。保健医療分野における心の健康教育の充実、実践が求められている時代を迎えたと言えよう。

文　献

J・カバットジン, J.『マインドフルネスストレス低減法』春木豊（訳）(2007) 北大路書房.

ラザルス, R.S.『ストレスとコーピング——ラザルス理論への招待』林峻一郎（訳）(1990) 星和書店.

●現場への眼差

☐ これまでの心の健康に関する施策の内容・目標、社会的背景についてまとめてみましょう。

☐ 進められている施策において、心の健康教育にはどのようなことが求められているでしょうか？

☐ その求めに応じるため、どのような手法が考えられるでしょうか？　他職種との連携は？

福祉分野

樋口純一郎

1. 公認心理師が働く福祉の領域

　一口に「福祉」と言っても、児童、障害者、母子・父子・寡婦、高齢者、生活保護など、その対象年齢や支援機関、根拠法律などは多岐にわたっている。公認心理師という国家資格が新設され、福祉分野のなかでもさらにその職域は広がっていくことが期待される。現状で心理職が活躍する領域を、以下に簡単であるが紹介する。

(1)児童福祉領域

　福祉分野では最も多く心理職が働く領域である。具体的には、
▶3-120〜123　　▶1-109/3-122　　▶3-52
児童相談所、児童養護施設や児童心理治療施設などの社会的養護にかかわる子どもの入所施設、市区町村の子ども家庭相談部署などである。「児童福祉法」や「児童虐待の防止等に関する法律（児童虐待防止法）」などに基づき、基本的に18歳未満の子ども（児童福祉法上の「児童」）とその家族にまつわる、あらゆる相談を対象にしている。

　この分野の心理職は、子どもの発達、不登校やひきこもり、習癖や神経症、家庭内暴力や非行、親の養育困難や被虐待など、古くからさまざまに取り組んできており、アセスメントや各種心理療法・プログラムなどを実践・開発している。この領域における昨今の大きな課題は、いわずもがな、子ども虐待である。2017年度の全国児童相談所における児童虐待相談対応件数は、統計を取りはじめた1990年度から毎年連続で増えつづけ、当時と比べれば120倍ほどまで膨れ上がっている〔厚生労働省〕。虐待によるトラウマのケアに際して、

公認心理師に大きな期待が寄せられている。

(2)障害者福祉領域

　身体障害、知的障害、精神障害、発達障害などの分類があり、心理職は知的障害者更生相談所（療育手帳の判定機関）や障害児療育機関、また、精神保健福祉センターなどで活躍している。「知的障害者福祉法」「発達障害者支援法」や「精神保健及び精神障害者福祉に関する法律（精神保健福祉法）」「障害者の日常生活及び社会生活を総合的に支援するための法律（障害者総合支援法）」などに基づき、それぞれの業務に従事している。

　この分野では、心理職は主にアセスメントや知的・発達障害児への療育技法（動作法、応用行動分析やTEACCHなど）をとおして深くかかわってきた。現在、大きなテーマとなっているのは、障害者の「社会的自立」や「地域共生」「社会参加」である。ソーシャルワーカーや介護職、医師や看護師などが主に牽引してきたといえるが、公認心理師は障害者やその家族に寄り添い、心理面のサポートや自己決定につながるような役割が、今後期待されている。

(3)母子・父子・寡婦福祉領域

　子ども虐待と同時に、夫婦間DVやデートDVが社会問題となっている。婦人相談所や配偶者暴力相談支援センター、民間シェルター、また、DVや生活困窮を理由に母と子が入所する母子生活支援施設などで、心理職が活躍している。「母子及び父子並びに寡婦福祉法」や「配偶者からの暴力の防止及び被害者の保護等に関する法律（DV防止法）」などに基づいて、働いている。

　この分野の心理職は、主にDV被害を受けた女性のケア、単身女性の自立に向けた支援などが中心である。若年妊娠を背景に、経済的困窮や子ども虐待につながるケースも少なくない。また、子ども

が見聞きする配偶者間のDVは"面前DV"と呼ばれ、心理的虐待として位置づけられる。DV予防や若年妊産婦への心の健康教育が、子ども虐待予防にも直結しているといっても過言ではない。

(4)その他

少子高齢化が進み、2018年9月時点で、日本の全人口のうち、5人に1人が75歳以上となっている〔総務省〕。高齢者福祉は、現代日本において非常に重要な領域であり、特別養護老人ホームなどの入居施設に頼り過ぎず、地域のデイサービスや訪問介護などを在宅で受けられるような地域包括ケアシステムが推し進められているところである。この分野に従事する心理職はまだ少ないが、市区町村の介護相談部署や地域包括支援センター、地域医療機関などのチーム支援に公認心理師が加わり、認知症の精密なアセスメントをおこない、高齢者やその家族に寄り添って心理面のサポートや状態を把握する、などの役割が今後期待されている。

▶1-114,115,144
他に、生活保護という福祉領域もある。市区町村の福祉事務所が担っているが、心理職が従事する例は少ない。一部の自治体で、ホームレスの保護や自立支援に際して、心理職も加わってアセスメントし、利用者の適性に応じた就労支援や、精神疾患が疑われる場合
▶2-107
に専門機関へつなぐなどの働きをしているところもあるようだ。

2. 福祉分野における主な心の健康教育の現状と課題

福祉分野で実践されている代表的な心の健康教育について、その簡単な内容と現状、課題を以下にまとめておく。

(1)子育て支援、子ども虐待予防

前述のように、子ども虐待が大きな社会問題となっている。時代

とともに、叩かない・怒らない躾のあり方や子どもの人権が叫ばれるようになったこともあるが、地域による子育ての脆弱化、核家族化や地域からの孤立、親の子育て知識やスキルの低下などが考えられるだろう。この分野における心の健康教育は、子どもを持った親が、正しい子育て知識やスキルを学び、地域や横のつながりを持つことを目的としている。市区町村の子ども家庭相談部署や児童相談所、地域の子育て相談を受ける児童家庭支援センター[2-114]などに勤務する心理職は、子育てサロンや子育て講座、もしくは、ペアレント・トレーニング[1-82]などを実践している。ペアレント・トレーニングとして代表的なものに、コモンセンス・ペアレンティングやMY TREE、トリプルP、Nobody's Perfectなどがある。

　子どもを虐待してしまう親の多くは、はじめから我が子を痛めつけ、愛そうとしないわけではない。親自身の感情コントロールが未熟ということもあろうが、多くは、子育てに悩み、正しい知識に乏しく、協力を得られず、孤立してしまった結果が、虐待を招いてしまっている。地域の子育て支援や子ども虐待予防における心の健康教育では、親に寄り添い、戸惑いや悩みに傾聴し、具体的な知識やスキル、社会資源、親自身が気持ちを落ち着かせる方法を伝えながら、利用者が主体的に参加し、気づき、学び、子育てにゆとりや楽しさ、地域にサポートしてもらえる安心感を得られる工夫、などが必要となってくる。

(2)虐待を受けた子どもたちへの予防的取り組み

　虐待を受けた子どもたちは、その心身へのダメージから、感情コントロールや人間関係上の課題、PTSDやうつ、摂食障害などの心理的課題を抱えることも少なくない。児童養護施設や児童心理治療施設、児童相談所などに勤める心理職は、こうした子どもたちを対象に、ソーシャルスキルやストレスマネジメントの向上をめざした

アプローチやグループワーク、トラウマの心理教育などを実践している。代表的なものに、セカンドステップ（いじめ防止に効果的な教育プログラム）やマイステップ（性被害を受けた子どもと支援者のための心理教育）などがある。

　虐待を受けた子どもたちは「自分が悪い」「自分のせいだ」と自罰・自責的に捉えていることが少なくない。大前提として、現在の生活の安全・安心が保障されていて、そのうえで「あなたは悪くない」という姿勢・メッセージが重要である。トラウマを抱えた子どもたちには、フラッシュバックや回避・過覚醒症状などの機序、トリガー（症状を起こす引き金）とその対処行動、呼吸法や筋弛緩法などのリラクセーションといった心理教育は欠かせない。

(3)DV予防

　DV被害を受けた女性は、加害男性と共依存関係に陥っていることが多いと言われる。イライラ期→暴力期→ハネムーン期（暴力をふるったあと、加害者が過剰にやさしくなる時期）のサイクルをくりかえし、ハネムーン期に「この人（加害者）には私（被害者）しかいない」という思考にはまってしまいがちである。さらなる被害を受けないために、これらの知識やどういう状況がDV（身体的、精神的、性的、経済的）なのかの心理教育が重要となる。婦人相談所や配偶者暴力相談支援センター、母子生活支援施設などで、DV被害を受けた女性への心理教育やグループワークに、心理職が取り組んでいる。グループワークでは、気持ちの分かち合いやエンパワメント、治療共同体による効果などが期待される。また、市区町村では、DV加害の父親のグループワークを実践している団体もあるようだ。

(4)障害のある子どもを持つ親グループ

　市区町村の1歳半健診や3歳児健診で子どもの障害が疑われたり、

児童相談所で発達検査を受けたり、幼児期に児童発達支援センターへ通園したり、療育機関に通所したり、その段階・その機関に応じて、心理職が中心になって親グループをつくり、ファシリテートしている。ダウン症、低出生体重による発育の遅れ、自閉症や知的障害、LDやADHDなどの発達障害など、子どもの特徴や障害の正しい理解、かかわり方や環境設定の工夫、親どうしのサポートを促す心の健康教育に取り組んでいる。

　心の健康教育は、子どもの加齢・発達に応じたアセスメントや社会資源の選択（療育機関、特別支援学校、通級指導教室、放課後等デイサービスなどの利用）と同時進行でおこなわれるため、関係機関との連携・協働は欠かせない。

　このように、福祉分野と言っても、赤ちゃんから高齢者まで、治療・教育的なアプローチからソーシャルワーク的なアプローチまで、この分野における心の健康教育は多種多様である。それぞれに専門性が高く、公認心理師として各領域における研鑽や関連施策の習熟が求められる。

　共通して言えることとして、この分野の心の健康教育は公共的・公益的な取り組みであることが多いため、必ずしも利用者の参加意欲が高いというわけではない。よって、まずは利用者の主体性・積極性が引き出されやすいよう、息抜きや遊びの要素、リラクセーション、当事者どうしのつながり、当事者自身の語りなどを盛り込めるような工夫・配慮が求められるだろう。また、一次予防（一般向け）の内容であっても、個別な支援や緊急対応を要するケースが潜在していることも多く、正確なアセスメント力と、適切なかかわりや社会資源につないでいく意識を、忘れてはならない。

文　献

前田研史(編著) (2009).『児童福祉と心理臨床——児童養護施設・児童相談所などに
　　おける心理援助の実際』福村出版.

太田信夫(監修) (2017).『シリーズ心理学と仕事14 福祉心理学』北大路書房.

●現場への眼差 ………………………………………………………………………

☐ 福祉分野に関わる公的機関、およびそこで働く心理職の仕事内容についてまとめて
　みましょう。

☐ ペアレント・トレーニングや子育て支援、SST、グループワークなどの詳細について
　調べてみましょう。

☐ 「利用者の来談意欲」を高める工夫として、具体的にできることを挙げてみましょう。

教育分野

稲次一彦

1. 学校の現状

　少子高齢化や情報化の急速な進展など、子どもたちを取り巻く環境は大きく変化しており、学校教育におけるさまざまな課題が指摘されている。ここ数年、「暴力行為」は中学校・高等学校では年々減少しているが、小学校においては増加しており、低年齢化の傾向が見られる。不登校児童生徒数やいじめの認知件数は年々増加しており、いずれも過去最高を更新している〔文部科学省, 2018〕。

　特に、いじめは「どの子どもにも、どの学校でも、起こり得る」という認識が求められており、「いじめ防止対策推進法」〔2013年施行〕により、いじめの定義や、国、地方公共団体、学校、保護者の責務が明確化されたことで、認知数は増加しているものの、児童生徒の命に関わるような重大事態は依然として後を絶たない。また、児童生徒の自殺者数は、自殺者全体に占める割合は低いものの、全体の数が減少しているなか、年々その割合は増加しており、2016年には「自殺対策基本法」の一部改正がおこなわれ、自殺予防に係る教育を学校がおこなうよう努めることが新たに追加された。

　その他、子どもの貧困、児童虐待、自然災害など、生活環境に係る問題も多く、教職員だけで対応することは非常に困難な状況になっている。

2. チーム学校の取り組み

このように多様化・複雑化している児童生徒の問題行動などの背景には、児童生徒の心の問題とともに、児童生徒の置かれている環境の問題が複雑に絡み合っていることが多い。学校現場において、これらの問題により効果的に対応していくためには、より組織的に、問題を抱えた児童生徒の支援をおこなうことが重要である。

中央教育審議会〔2015〕は、学校や教員が心理や福祉などの専門スタッフなどと連携・分担する「チーム学校」体制を整備し、学校の機
▶1-46,129
能を強化していくことが重要であると指摘している。また、「いじめ防止対策推進法」（第22条）においても、「学校は、当該学校におけるいじめの防止等に関する措置を実効的に行うため、当該学校の複数の教職員、心理、福祉等に関する専門的な知識を有する者その他の関係者により構成されるいじめの防止等の対策のための組織を置く」ことが義務づけられている。

3. スクールカウンセラーの役割

(1) スクールカウンセラーの位置づけ

不登校、いじめや暴力行為などの児童生徒の問題行動などへの対応にあたっては、児童生徒の心にはたらきかけるカウンセリングなどの教育相談機能を充実させることが必要である。文部省〔現・文部科学省〕は、1995年度から「スクールカウンセラー活用調査研究」を6年間にわたって展開し、その成果に基づいて、2001年度からは「スクールカウンセラー等活用事業」として、都道府県・政令指定都市を対象とする補助事業を開始して、学校へのカウンセラーの配置を推進してきた。

導入当初、学校現場への初めての異業種の参入ということで、違和感や抵抗感をもつ教職員もあった。また、スクールカウンセラー自身も、児童生徒や保護者と学校との間で、自分がどう動けばよいか戸惑う部分もあり、連携が十分にとれていないケースもあった。その後、互いに試行錯誤するなかで、児童生徒にとっては、教職員や保護者には知られたくない悩みや不安を安心して相談できる存在であること、教職員にとっては、児童生徒や保護者との間で第三者としての架け橋的な役割を果たしてくれる存在であることが高く評価されるようになった。今では、スクールカウンセラーは学校に欠かせない存在となっており、2015年の「すべての子どもの安心と希望の実現プロジェクト」や2016年の「ニッポン一億総活躍プラン」においては、2019年度までに全公立小中学校に配置するという目標が掲げられている。

　スクールカウンセラーの配置形態としては、①配置された学校のみを担当する単独校方式、②小学校または中学校1校を拠点校とし、校区内の小学校を対象校として併せて担当する拠点校方式、③教育委員会などに配置され、学校を巡回する巡回方式などがあり、地域の特性に応じてさまざまな形態で対応している。

(2)スクールカウンセラーの職務と心の健康教育

　スクールカウンセラーには、次のようなさまざまな職務がある。

① 児童生徒・保護者からの相談対応
▶1-68,131/3-68,88
② 教職員へのコンサルテーション
③ 心の教育に資する心理教育プログラムなどの実施
④ 教職員のカウンセリング能力などの向上のための校内研修の実施
⑤ 緊急・危機対応

スクールカウンセラーの中心業務は児童生徒への相談対応（①）や教職員へのコンサルテーション（②）であるが、昨今は学校における心の健康教育への取組（③⑤）についても、よりその貢献が期待されている。すべての児童生徒を対象として、いじめや不登校の未然防止、自殺予防などに生かすため、コミュニケーションのとり方やストレスマネジメント、仲間づくりなどに関する心理教育プログラムを教職員と協力して実施すること、などが求められるところである。また、日常的に接する教職員がカウンセリングに関する知識を習得し、心理面の問題に対処できるよう、教員に対して基礎的なカウンセリングに関する研修（④）や心の健康教育への理解の促進に関わることが期待される。

自死や事故などで児童生徒が亡くなるといった緊急・危機事態では、すべての児童生徒が深刻な心理的影響を受けるという認識のもと、教育委員会から派遣されるスーパーヴァイザーや校長と連携しながら、今後の対応について助言するとともに、必要に応じて児童生徒・教職員・保護者からの個別相談にも対応する（⑤）。その際には、すべての児童生徒を支援するための緊急・危機介入支援をおこなう必要もある。児童生徒に心の健康への影響が最小限になるよう心の健康教育を実施しなければならない。

突発的な事件・事故や自然災害の発生後などにおいては、すべての児童生徒や教職員を対象として、ストレス対処やリラクセーションのプログラムなどを実施する。また、保護者説明会などが開かれる場合には、家庭での見守りや対応について広く保護者に対して助言する役割を担うこともある。これらの取組に際しては、スクールカウンセラーは、緊急・危機状況における心のありようや心の危機に陥らないための対処など必要な情報を提供する役割を担い、「心の危機」への対応について教育的な役割を果たさなくてはならない。また、児童生徒の死を他の児童生徒に伝える場面では、児童生徒の

反応を注意深く観察し、不調を訴えるなど心配な児童生徒に対しては個別に対応し、配慮について担任などへ助言する役割もある。

4. 今後の課題

これまでの教育相談は、どちらかといえば事後の個別対応に重点が置かれていたが、今後は、事案が発生してからのみではなく、未然防止、早期発見・早期対応のための取組が求められる。心の健康教育はその中心的役割を果たすものである。スクールカウンセラーは、相談室に待機するだけでなく、日常場面や心の健康教育を通じて積極的に児童生徒と関わり、信頼関係を築く必要がある。また、いじめや暴力行為などの事案においては、再発防止の観点から、被害児童生徒の心のケアにとどまらず、加害児童生徒に対するカウンセリングも必要であり、非行臨床に関する専門的知見の習得と経験の蓄積など、幅広い学校課題への対応や未然防止教育への参画が求められている。

導入当初と比べ、学校のスクールカウンセラーに対する信頼や期待は高まり、教職員との連携体制も構築されてきたが、一方では、スクールカウンセラーに依存し過ぎて、本来教職員がやるべきことまでスクールカウンセラーに頼ってしまうケースも見られる。児童生徒を直接指導するのはあくまで教職員の職務である。それぞれがその役割を明確にし、自覚する必要がある。心の健康教育を教職員とスクールカウンセラーが共働しながら実施することは、相互理解や相互の役割の確認につながるものである。

現在、学校には、心理の専門家であるスクールカウンセラーだけでなく、福祉の専門家として児童生徒の家庭環境などに働きかける
▶3-124
スクールソーシャルワーカーの配置が進められている。また、法律の専門家であるスクールロイヤーの派遣についても研究が始まって

いる。今後は、教職員とこれら専門スタッフが連携・分担する「チーム学校」として、心の健康教育を推進したり、児童生徒や保護者を支援する体制を構築したりする必要がある。スクールカウンセラーには、そのチームをコーディネートする力や調整力も求められる。

文部科学省の「スクールカウンセラー等活用事業実施要領」〔2018年、一部改正〕では、スクールカウンセラーの選考対象の筆頭に「公認心理師」と記されている。学校教育相談において、心理の専門分野のみならず、保健医療、福祉、教育など幅広い分野の専門的知識と技術を持った公認心理師への期待は大きい。

文　献

文部科学省(2018).「児童生徒の問題行動・不登校等生徒指導上の諸課題に関する調査」

教育相談等に関する調査研究協力者会議(2017).「児童生徒の教育相談の充実について——学校の教育力を高める組織的な教育相談体制づくり(報告)」

中央教育審議会(2015).「チームとしての学校の在り方と今後の改善方策について(答申)」

●現場への眼差

- □ SCが導入されてから現在に至るまでに、どのような経緯があったのか、調べてみましょう。
- □ 児童生徒を対象とした学校での心理教育プログラムには、具体的にどのようなものがあるでしょうか?
- □ 教職員やSSWといった他職種と連携するにあたり、公認心理師に求められることは?

司法・犯罪分野

遊間義一

1. 司法・犯罪分野における心の健康教育の対象

　ここでは司法・犯罪分野における心の健康教育を、「情報提供をおこなうことによって、犯罪の加害と被害を予防し、加害者とその家族、被害者とその家族、さらに司法・犯罪分野にかかわる人々が、精神的に健康でいられるようにするための心理教育」とする。

　ただし、これらの人々に心の健康教育だけをおこなうということはほとんどない。むしろ心の健康教育は、犯罪予防のための介入の方法のひとつとして、あるいは犯罪によって傷つき、悩んでいる人に対する支援のひとつとしておこなわれることが多い。

　司法・犯罪分野における心の健康教育の対象は、①一般市民、②犯罪や非行を犯した人〔以下、触法を含めて犯罪加害者とする〕、③犯罪加害者の家族、④犯罪被害者、⑤犯罪被害者の家族、および⑥司法・犯罪分野に携わる人（公認心理師と関係が深いと思われる公的機関に勤務している人だけでも、警察の少年相談専門員、家庭裁判所調査官、法務技官、法務教官、保護観察官などが挙げられる）〔以下、携わる人とする〕など多岐にわたる。
▶1-143

　なお、上記分類は、現在の置かれた立場によって便宜的に分けたに過ぎないことには注意を要する。犯罪加害者が過去に犯罪被害体験を有していることは多い。特に、女子受刑者については、犯罪あるいはDVの被害体験の多さは顕著であり、過去だけでなく、現在も被害者である場合が多いことが知られている。加害と被害は重複しており、実は犯罪加害者に対しても、加害をなくすための介入と同時に、犯罪被害をなくし、過去の犯罪被害の影響を和らげるため

の介入が必要なことも少なくない。

2. 犯罪予防モデルや他の臨床心理学の領域との関連

対象の①と②に対する心の健康教育は、犯罪予防モデルのなかで位置づけるとわかりやすい。犯罪予防モデルは、公衆衛生の予防モ▶3-66,67デルと同様〈一次予防〉〈二次予防〉および〈三次予防〉に分けて考えられることが多い。

犯罪における〈一次予防〉は、一般市民を対象として犯罪発生を未然に防ぐための予防のことをいう。例えば、可視性の高い建物の設計、暗い道をなくすなどの街づくりなどが挙げられる。犯罪被害を受けないようにするための心理教育はこの一次予防に含まれる。〈二次予防〉とは、犯罪加害のハイリスクグループによる、あるいは犯罪発生リスクの高い環境下における犯罪発生を防ぐための働きかけである。例えば、飲酒は多くの犯罪と関連があることが知られているので、犯罪発生に結びつきやすい状況下での飲酒を制限するなどは、二次予防の適用例である。〈三次予防〉とは、既に犯罪を犯してしまった者の再犯を防ぐための働きかけである。これには、刑務所でおこなわれている受刑者へのさまざまな再犯防止のための介入や少年院における矯正教育などが含まれる。

以上から、対象①と②に対する司法・犯罪分野における心の健康教育は、一般市民対象に対する一次予防と二次予防、犯罪加害者に対する三次予防ということになる。

犯罪加害者に対する働きかけは、刑務所や少年院などの矯正施設▶2-130〜143や保護観察所などの公的機関が中心となる。このような組織による▶2-141心の健康教育は、犯罪加害者の心の健康の保持という目的もあるものの、それ以上に三次予防における再犯の防止という点に重点があり、心の健康教育も再犯防止のための働きかけの一要素として含ま

れる場合が多い。

　他方、対象③の犯罪加害者家族、対象④の犯罪被害者と対象⑤の犯罪被害者家族への援助は、一般の臨床心理学における危機あるいはトラウマへの対応に含まれ、心の健康のための介入である。司法・犯罪領域における被害者等への心理教育的支援の際、マスコミや周囲の者からの二次被害についても留意する必要がある。

　対象⑥の司法・犯罪領域に携わる人への心の健康教育については、これまであまり話題にされてこなかったが、基本的には、臨床心理学で培ってきた救援者や支援者に対する心理教育的支援の枠組で考えられる。犯罪加害者と直接接する仕事に携わっている人たちは、非常に強いストレスにさらされている。例えば、刑務所に勤務する場合、通常でも緊張感が高い職場環境のなかで、受刑者からの不当と感じられるような激しいクレームに対応を迫られるなどした場合には、働き掛ける者は怒りの感情を抑えつつ対応しなければならないこととなる。このような状況に置かれた人に対してはストレスマネジメントなどの支援が欠かせないものとなる。

3. 司法・犯罪分野における心の健康教育の実際

　前項で挙げたなか、いくつかの代表例について述べる。

(1)子どもが暴力から自分を守るための教育プログラム

　一般市民を対象とした一次予防に該当する。CAPは、子どもが、さまざまな暴力から自分を守る力を身に着けさせるためのプログラムである〔child assault prevention, 2019〕。CAPにおける暴力とは、いじめ、性的虐待、凶悪犯罪など広範囲にわたって定義されている。このプログラムで守ろうとする対象は子どもだが、プログラムを受けるのは、子どもだけでなく、一般市民や教職員も含まれる。

CAPでは、子どもに「自分は大切な存在であり、自分自身を守る権利がある」ということをさまざまな方法で教えている。単に被害にあわないようにするための情報を提供するだけに留まらず、実際に危ない状況から自分を守り、また被害にあったときは人に相談するという行動をとることができるように子どもに働き掛ける。

(2)Stop It Now！(やめるのは今!)

児童に対する性犯罪加害のハイリスクグループに対する二次予防プログラムである〔Stop It Now〕。これは1992年に米国で始められたものであり、その特徴は、対象を潜在的な性犯罪者（まだ性犯罪はおこなっていないが児童への強い性的な関心を抱いている者）や検挙されていない性犯罪者（既に性犯罪はおこなっている）として、彼らに対して働き掛けることで性犯罪を予防しようとする点にある。

このプログラムを広報し、ハイリスクグループに児童の性犯罪に関する情報を提供することで、介入する側が介入される側に接近しやすくするという興味深い取り組みである。ハイリスクグループとされる人にも「犯罪をやらずにいたい」との思いがある、との前提に基づいている点がこのプログラムの特徴である。

(3)性犯罪受刑者に対する再犯防止プログラム

犯罪加害者に対する三次予防に属する働きかけである〔法務省法務総合研究所, 2015〕。日本の刑務所では、性犯罪によって受刑することになった者に対して、再犯防止プログラムを実施している。これはカナダ矯正局が開発したプログラムを日本の刑務所で実施できるように修正したものである。理論的には、アンドリューズとボンタ〔Andrews & Bonta, 2003; 2010〕が提唱したRNR（リスク-ニード-反応性：Risk-Need-Responsivity）モデルに基づいた集団認知行動療法であり、性犯罪受刑者の再犯リスクに応じて密度の異なるプログラムを実施している。

このプログラムのなかに、再犯リスクについて教え、受刑者に自らの再犯リスクについての話し合いを求め、自分で評価させるというセッションがある。この段階では、リスクとは何か、リスクは変えられることを伝える。▶2-36〜50 本格的な認知行動療法に入る前段階だが、正確な情報を伝え正しい理解を促すことが、本格的なプログラムに入った後の効果の浸透に大きな影響を与える。

(4)犯罪被害者に対する各種プログラムや心理支援

この分野は、司法・犯罪領域における心理支援のなかでも支援方法がPTSDへの対応として、比較的よく検討され、研究もなされてきた。詳細は他の文献に譲るが、二次的被害を防ぐ配慮をすることは、ごく初期の段階から必要である。犯罪被害者に対して、現在の精神的な混乱が無理のないことであることを繰り返し伝えることも欠かせない。

(5)犯罪加害者家族への支援

これまでほとんど研究も実践活動もおこなわれてこなかったが、2008年にNPO法人が支援を始め、相談件数は現在まで1300件以上に及ぶ〔阿部, 2018〕。加害者家族の抱える問題は、事件発生直後の事件報道から始まる。これによって犯罪加害者家族は非常に大きなストレスにさらされる。彼らへの支援に際しては、心理的なケアとともに、彼らの人権の保護も重要な課題となる。

(6)矯正・保護職員へのストレスマネジメント

最近になって、職場内で常に強いストレスにさらされている矯正・保護職員に対するストレスマネジメントや、アンガー・コントロールの必要性が認識されてきた。実際にこれらの働きかけが組織的・体系的におこなわれているという例は知らないが、国連アジア極東

犯罪防止研修所では、平成25年に国際研修として「矯正・保護職員のストレスマネジメント」〔吉村, 2013〕がおこなわれた。

　心理専門職として犯罪加害者にかかわる者には、拘禁施設という特殊な勤務状況でなくとも、共感疲労の問題が存在する。同僚や上司・部下、あるいは自らに精神面での不安定さが認められた場合、まずは共感疲労、燃え尽き症候群といった視点で現状を見直すことが必要で、そうした状態に至る前の心の健康教育が重要となる。

文　献

阿部恭子(2018).「日本における加害者家族への支援（特集 トラウマと加害者）トラウマティック・ストレス」日本トラウマティック・ストレス学会誌16, 132-141.

Andrews, D., & Bonta, J. (2003). The Psychology of Criminal Conduct, 3rd ed. Routledge.

Andrews, D., & Bonta, J. (2010). The Psychology of Criminal Conduct, 5th ed. Routledge.

Child Assault Prevention Working to keep Nevada's children. SAFE, STRONG, and FREE! https://www.childassaultprevention.org/ (2019年3月14日)

法務省法務総合研究所 (2015).「平成27年版 犯罪白書——性犯罪者の実態と再犯防止」

STOP It Now! https://www.stopitnow.org/ (2019年3月14日)日経印刷.

吉村幸司(2013).「海外の刑事政策のいま　国連アジア極東犯罪防止研修所第154回国際研修『矯正・保護職員のストレスマネジメント——中間監督者の能力育成』における海外客員専門家の講義等について」罪と罰: 日本刑事政策研究会報50, 85-97.

◉現場への眼差 ⋯⋯⋯⋯⋯⋯⋯⋯⋯⋯⋯⋯⋯⋯⋯⋯⋯⋯⋯⋯⋯⋯⋯⋯⋯⋯⋯⋯⋯

- ☐ 司法・犯罪分野における心の健康教育の特徴としてどのような点が挙げられるでしょう？
- ☐ 「CAP」「Stop It Now!」や再犯防止プログラムがどのようなものか、詳細を調べてみましょう。
- ☐ 司法関連施設職員のストレスマネジメントについて、受ける／実施する両側から考えてみましょう。

産業・労働分野

衞藤真子

1. 産業・労働分野において心の健康教育が目指すもの

昨今、従業員の健康管理を経営的な視点で考え戦略的に実践する「健康経営」の取り組みが推進されるなど、産業領域において健康に対する関心は高くなっている。

人生100年時代、何のために働くのか、どのように働きたいのか、働く目的・志向・価値観・働き方などはますます多様化し、ライフ・キャリアに応じた変化もある。「働く」とは「人が動く」と書く。自分自身の内的な変化やさまざまな外部環境の変化と折り合いながら、人が動き何かと関わって働くなかでは、時に心労や苦悩も生じて健康的ではいられない状態も起こりうる。

"心の健康教育"は、全ての働く個人が身体的・精神的・社会的に良好な状態 (well-being) で働くこと、そして、その人らしく生きることを支援していくものである。

2. 働く個人を取り巻く社会環境の変化と心の専門家の役割

産業現場で働く人々の背景にある社会環境は大きく変化している。超高齢化社会、経済のグローバル化、産業構造の変化、ビッグデータやAIの活用をはじめとする第四次産業革命、人手不足の慢性化、働き方改革、外国人材の受け入れ拡大などの社会経済情勢の変動は、多様かつスピードが非常に速い。こうした産業領域を取り巻く急激な環境変化は大きな構造的変化であると考えられ、企業の経営や労

働環境などへの多大な影響とともに、激変する環境への適応を求められる働く個人の心のあり様にもさまざまな影響を与えることが想定される。

このような産業・労働分野における心の専門家の役割として、金井〔2016〕は、「個人の支援」「職場の支援」「会社の支援」「社会への提言」と、それぞれ異なる四つの層に対する専門的な役割が期待されることを提唱している。

▶1-156
メンタルヘルスとキャリア発達の両側面からの「個人の支援」が機能することにより、職場の信頼が得られ、適切な環境調整や職場環境の改善提案などの「職場の支援」につながる。「個人の支援」および「職場の支援」の実績、グループ・ダイナミクスなどの専門的知見の活用により、心理学の視点からのコンサルテーションなどの「会社の支援」も可能になる。個人・職場・会社に対する現実に即した理解と支援の経験を活かすことにより、働き方や勤労者メンタルヘルスなどに関する有用な「社会への提言」にもつながる。心の専門家に求められる四層の役割は、有機的に機能するものであると考えられる。

3. 産業・労働分野の今日的課題と心の健康教育

(1)メンタルヘルス対策・自殺予防

「労働安全衛生調査」〔厚生労働省, 2018a〕によれば、「現在の仕事や職業生活に関することで強いストレスとなっていると感じる事柄がある」という労働者は58.3％であり、労働者の約6割が強いストレスを感じていることがわかる。また、業務上の心理的負荷により精神障害を発症したとして労災請求された件数も近年急上昇しており、2017年度は1,732件で過去最多であった〔厚生労働省, 2018b〕。

こうした状況をふまえて、企業においてメンタルヘルス対策は喫

緊の課題となっている。"心の健康教育"において、メンタルヘルスの基礎知識、リラクセーション法、メンタルヘルス不調者に対する早期発見・早期対処法、うつ病など精神疾患の基本的な知識、休業者の職場復帰支援などを学び、自分自身や部下の心の健康を守る意識・知識・スキルを備えることは大切なことである。また、近年、困りごとの解決に向けた具体的なストレス対処アプローチとして、アサーション・トレーニング、アンガー・マネジメント、ジョブ・クラフティング、マインドフルネスなどを取り入れた研修もあり、"心の健康教育"の内容もバリエーションを増している。

メンタルヘルス不調が深刻化すると最悪の場合には自殺に至ることがありうるため、働く個人の心の健康を守ることと組織のリスクマネジメントの観点からも自殺予防対策の必要性は高い。自殺は、20代と30代の死因の第一位で、40代でも第二位の死因であり〔厚生労働省, 2018c〕、生産年齢人口が減少するなか、自殺は貴重な働き盛りの世代を襲う重大な社会問題であるといえる。自分や周囲の大切な命を守るために、"心の健康教育"を通して、自殺についての正しい知識と適切な対応を普及啓発することは非常に重要なことである。

(2)ハラスメント

近年、ハラスメントへの認識が広がり、「ハラスメント」は日常用語になっている。「過去3年間にパワーハラスメントを受けたことがある」と回答した従業員は32.5%と、約3人に1人であり、4年前に比べて7.2%も急増している〔厚生労働省, 2017〕。こうした背景には、パワハラ、セクハラだけでなく、マタハラ（マタニティハラスメント）、アルハラ（アルコールハラスメント）など、嫌がらせ行為に基づくさまざまな労働問題が「ハラスメント」という言葉で認識されやすくなったことも一因であろう。また、同じ言動に対しても、人によって感じ方に違いがあることや、時代によって許容のされ具合が異なるこ

とで、加害者と被害者の間の認識にズレが生じ、ハラスメントという形で問題化しやすくなったこともあるだろう。しかし、ハラスメント問題は人権上の問題である。

ハラスメントに関わる"心の健康教育"においては、「この言動はOKか否か」といった表層的な判断だけでなく、なぜそうなのかということについて、「相手の人権を尊重する」観点からの本質的理解をベースにおいて考えていくことが必要である。

(3)ダイバーシティ＆インクルージョン

多様な人材が、性別・年齢・人種・国籍・障がい・性的指向・性自認・宗教・学歴などにとらわれず、異なる性質や違いを認められ、心理的安全性の高い職場のなかでそれぞれの持てる力が発揮されるためには、ダイバーシティ（多様性）＆インクルージョン（包括）がうまく機能する必要がある。しかし、自分や職場のマジョリティとは異なる性質や違いを受容することは、「言うは易し、行うは難し」な場合もあり、時として軋轢や誤解も生じうる。

"心の健康教育"は、ダイバーシティ＆インクルージョンの必要性の理解、自分自身のアンコンシャス・バイアス（無意識の偏見）への気づき、物事の柔軟な捉え方、異なる価値観を超えて理解し合える経験など、産業領域において真の相互理解につながる機会になりうるものと思われる。

(4)ライフ・キャリア

グラットンら〔Gratton & Scott, 2016〕は、2007年生まれの子どもの50%が107歳まで生きると推計し、そうした「人生100年時代」ではこれまでよりも長く働く社会となり、そのためには今の働き方を変えていくことの重要性を説いている。

近年、雇用の流動化が進み、転職によるキャリアチェンジも特別

なことではなくなった。副業、在宅勤務、リモートワーク、派遣、業務委託、起業など働き方の選択肢も増え、社会人の学びなおし（リカレント教育）への関心も高まっている。一方で、突然のリストラによる失業、合併・組織改編による転勤・異動など、外的環境の変化に見舞われることにより、キャリアの見直しや再構築を余儀なくされることもある。

　産業領域における"心の健康教育"では、キャリアにまつわる個人の自己理解や意思決定を支援し、内的・外的な変化に対する適応をサポートするスタンスをもって関わる必要がある。

(5)ワーク・エンゲイジメント

　近年、職場のメンタルヘルス対策の目的として、メンタルヘルス不調の予防や早期発見・早期対応・再発予防を目的としたものだけ[▶2-85/3-66]でなく、働く個人や組織の肯定的な要因に目を向け、働く個人が健康でやりがいを持って働き、組織が活性化し生産性やパフォーマンスを上げることを目指した「ワーク・エンゲイジメント」という概念が注目されている。ワーク・エンゲイジメントは、仕事に関連するポジティブで充実した心理状態を示し、活力、熱意、没頭によって特徴づけられる概念である〔島津, 2015〕。

　"心の健康教育"において、個人がいきいきと働き、組織が活性化するために、働く個人のメンタルヘルスを重要な経営資源として位置づけ、職場全体の健康度を向上させる視点を持つことも大切である。

4. 産業・労働分野における公認心理師の活動と心の健康教育

　産業領域において公認心理師が"心の健康教育"に関わる場面は多様である。企業内で勤務する場合は、健康管理部門、人事労務部門、

福利厚生部門などに所属して、個人や組織に対するメンタルヘルス支援を中心に活動するなかで心の健康について伝えることがある。また、近年、従業員のキャリア形成支援を担うキャリア相談室などを開設する企業も増えていることから、それらの業務のひとつとして"心の健康教育"に携わることもある。

企業の外に活動の場を置く場合には、契約先企業などの従業員やその家族、組織への支援をおこなう外部EAP（Employee Assistance Program: 従業員支援プログラム）機関がある。その他、就労に関わる関係機関として、公共職業安定所（ハローワーク）、障害者職業センター、地域若者サポートステーション、就労移行支援事業所などがあり、働くことに踏み出したい人々を支援している。これらの機関において、メンタルヘルス支援や就労支援などを進める際に、"心の健康教育"の機会が活用されることがある。

教育分野にまたがる領域では、大学生の就職を支援する就職支援部やキャリアセンターがある。また、大学でキャリア形成科目などの講義をおこない、キャリア教育に携わることもある。今後は、小学校から高校のキャリア教育に関与する機会も増える可能性がある。

医療分野にまたがる領域では、メンタルヘルス不調などで休業中または失業中の人々の復職や再就職を支援する職場復帰支援（リワーク）や就労移行支援のプログラムを実施している医療機関も多い。また、がん・脳卒中・心疾患・難病などの継続した治療が必要な患者への「治療と就労の両立支援」においても、今後、公認心理師の活躍が期待されており、これらの内容についての理解に関する"心の健康教育"が産業領域において求められている。

5. 産業・労働分野における心の健康教育の実践

産業・労働分野における"心の健康教育"は、目的に応じて、研修

会、講演会、ワークショップ、継続的なプログラムなどさまざまな形式で実施される。公認心理師が置かれた立場により自身で企画運営することもあれば、依頼されて実施することも多い。ここでは、研修を実施する際のヒント・留意点をまとめて提示しておきたい。

① 研修の目的（最終的に目指したいもの）やゴール（さしあたって実現したい目印）の期待値を主催者とすり合わせ、受講者や組織の課題を本音でかつ具体的に主催者と共有する。
② 受講者ニーズを捉え受講の動機づけを育むため、研修テーマに関する困りごとや知りたいことなどについて事前アンケートをおこない、疑問や質問に応じる内容を研修に織り込む。
③ グループワークで困りごとを出し合ったり話し合う時間を持つことで、自分だけが悩んでいるわけではないことを理解したり、経験や知恵を共有したり、部署を超えた横や斜めのつながりを形成することにつなげる。
④ 受講者層が遭遇しやすい、組織にありがちなケース・スタディをまじえる（ただし、受講者の反応を考えてケースの作り込みには留意する）。
⑤ 一人で抱え込まないことの大切さを伝え、悩んだときのサポートリソースを周知するために、「社内外の相談窓口情報」を資料に加えて紹介する。
⑥ 学んで終わりではなく日常の行動に橋渡しするため、明日からやってみようと思える「カンタンで」「実践可能な」"行動"を書き出してもらう。また、明るくポジティブな雰囲気をもって、可能な範囲で、グループ内や会場内で行動例を共有する。

文　献

Gratton, L., Scott, A. (2016).「LIFE SHIFT(ライフシフト)──100年時代の人生戦略」東洋経済新報社.

金井篤子(編) (2016).『産業心理臨床実践──個(人)と職場・組織を支援する』ナカニシヤ出版.

厚生労働省 (2018a).「平成29年 労働安全衛生調査（実態調査）」

厚生労働省 (2018b).「平成29年度 過労死等の労災補償状況」

厚生労働省 (2018c).「平成29年 人口動態統計月報年計」

島津明人 (2015).「ワーク・エンゲイジメントに注目した個人と組織の活性化」日本職業・災害医学会会誌63, 205-209.

東京海上日動リスクコンサルティング (2017).「平成28年度厚生労働省委託事業　職場のパワーハラスメントに関する実態調査報告書（概要版）」

●現場への眼差 ···

☐ 産業・労働分野において、心の専門家としてどのような役割が求められるでしょうか？

☐ 労働者にとって強いストレスとなっている事柄には、どのようなことが挙げられるでしょう？

☐ 施設や機関によって、具体的にどのような活動が考えられるでしょうか？

第 **1** 章

保健医療分野における
心の健康教育

ペアレンティング心理教育の実践

伊東史ヱ

1. ある事例

　Aさん（34歳女性）と息子のBくん（5歳男児）は、かかりつけの小児科から紹介され、児童精神科クリニックを受診した。

　受付票の「困っていらっしゃること」（主訴欄）には「Bが言うことを聞かない。落ち着きがない」と記入されていた。医師が診察をすると、Bは人懐っこい笑顔で医師に近づき、くるくると表情を変えながら、医師の質問に答えたり、『先生のおうちはここ?』などと医師に質問をしたりしている。一方Aさんは、眉間に皺を寄せながらBくんを目で追い、『ちゃんと座りなさい』『そんなこと聞かなくていいの』『それは触らない』などと、Bくんの言動ひとつひとつに注意をしている。

　Aさんに話を聞くと、AさんはBくんの父親である夫（35歳）とBくんとの三人暮らし。夫婦ともに正社員として働いており、Bくんは平日の日中は保育園を利用している。夫は家事を手伝ってはくれるが、子育てについては、一緒に遊ぶなどの楽しい活動には参加してくれるものの、Bくんがぐずったり言うことを聞かないときにはAさんに任せきりで、Bくんが何かよくない行動をすると『だめだよ、ちゃんと教えないと』とAさんに言ってくるという。Aさんはこの発言などから、「Bくんがいい子でいてくれないと、自分が母としてきちんと子育てできていないと責められる」と考えるようになり、Bくんが何か行儀の悪いことをするのではないかといつもハラ

ハラし、Bくんを"見張る"ようになった。

　しかし、お行儀よくさせようとBくんに注意をすればするほど、Bくんは両親の言うことを聞かなくなり、保育園の先生からも「最近給食の時間に立ち歩いてしまう」「ほかの子のおもちゃを取る」「ほかの子を突き飛ばしてしまった」などの問題行動を報告されることが多くなった。Aさんは言うことを聞いてくれないBくんについ強く怒鳴ってしまうようになり、その後自己嫌悪に襲われるという。Aさんは『最近はBが何かするんじゃないかといつも気が気でない』『一緒にいる時間を苦痛に感じるようになってきた』と、疲れた表情で話した。

　医師は、AさんがBくんに対して注意することが増えたことにより、BくんのAさんに対する「いつでも受け入れてくれる安全基地」という認識と安心感が薄れ、これがBくんの問題行動に関連しているのではないかと考えた。Bくんの問題行動およびAさんの養育に対する不安や葛藤の軽減には、Aさんが自信をもってBくんと一緒に過ごすことができ、BくんがAさんに十分受容されていると感じることができる、安定した母子関係の構築が有効であると考えた。そこで医師は、同クリニックの公認心理師Cに、Aさんへのペアレンティングに関する心理教育を依頼した。

　公認心理師Cは、Aさんから日ごろの様子をより詳細に聞き取ったうえで、Aさんに、子どもと接する大人に向けた心理教育プログラムである、CARE（Child-Adult Relationship Enhancement）を実施することとした。CAREでは、子どもとよい関係を築くためには、どのような声かけを増やし、どのような声かけを減らすのか、また、問題行動にはどのように対処するのか、といった具体的スキルを学ぶことができる。公認心理師CとのセッションのなかでAさんは『普段、家でBが遊んでいるときは、危険がないかどうか見る程度で、一緒にな

って遊ぶことはそういえばなかった』と話した。公認心理師CはA さんに、CAREスキルを使いながらBくんとふたりきりで5分間遊ぶ 「特別な時間」を宿題として毎日おこなうよう伝え、記録用紙を渡 した。

　帰宅したAさんがBくんを遊びに誘うと、Bくんはおもちゃを広 げ、ひとりで遊びだした。AさんはBくんがひとりで勝手に遊んで いることに戸惑い、どう声をかけていいのか迷ったが、勇気を出し、 セッションでもらった資料を片手にCAREスキルを使ってBくんに 声をかけ続けた。すると、次第にBくんが『いま朝ね』などと遊び の世界をAさんに話してくれたり、『ママにごはん作ってあげるね』 と遊びに一緒に参加させてくれるようになった。Bくんはにこにこ と嬉しそうな表情で、『見て、りんご』『お誕生日だからケーキね、 ママの分はこっち』などと、いろいろなものを母と共有しながら遊 ぶようになった。AさんはBくんが満面の笑みを自分に向けてくれ ることが嬉しく、また、自分がBくんにイライラすることなく、穏 やかな気持ちで一緒に遊べていることに驚きと喜びを感じた。この 日以降、Bくんはすっかり「特別な時間」を気に入り、夕食が終わ ると自分でおもちゃ箱をずるずると引きずってAさんのもとに行き 『今日も遊ぼう』と誘うようになった。

　「特別な時間」を導入してから、BくんはAさんといるときの機嫌 がおだやかになり、言うことをよく聞いてくれるようになった。保 育園からの問題行動の報告も減り、1ヵ月も経つとほとんどなくな った。AさんはBくんの変化を喜び、同時に、忙しくて「特別な時 間」を実施できなかった日は、Bくんが言うことを聞きにくいこと にも気づいた。3回目のセッションでAさんは『自分のかかわり方が Bにこんなに関係しているとは思わなかった。できていないことを 注意するよりも、いいところを褒めてのばしたほうがよい変化をす ぐに起こせると知れてよかった』と、公認心理師Cに話した。

その後Bは、家庭内の問題、保育園での問題ともに軽減し、主訴消失により終診となった。

2. 振り返り

　こどもの問題行動を主訴に来院し、母親に養育支援（ペアレンティング心理教育）をおこなったことで主訴消失に至った症例を紹介した。

　公認心理師の学びをはじめたばかりの人であれば、面接の基本は「傾聴し受容すること」であると考えている人が多いかもしれない。もちろんそれは正しいが、「傾聴し受容すること」だけでは、相談者の援助には不十分な場合があることを知っておくことは重要である。
　今回紹介した症例であれば、母親であるAさんの「子どもが問題行動を起こすと自分が子育てを出来ていないと責められているように感じる」「子どもと一緒に過ごすことを苦痛に感じる」といった、つらさを傾聴し共感することは、Aさんの気持ちをほぐし、内省を促し、いまより視野を広くしたり柔軟に考えられる状態に導くことに有効であろう。
　しかし、Bくんの問題行動は、例えば2週に1回1時間の面接でAさんの気持ちに共感しているだけでは、なかなか変容しないかもしれない。Bくんの問題行動は依然として持続し、目に見える改善のない面接へのAさんのモチベーションが下がることで、Aさんがせっかく繋がることのできた援助資源から離れてしまうリスクが高まる。また、叱られ続けるBくんの自己効力感が下がり、さらに問題行動が増加する悪循環に陥る可能性があることを、公認心理師であれば意識しておきたい。

　クライエントの抱えている問題に対し、正しい情報や、エビデン

スの確立されているスキルを伝える心理教育は、公認心理師に求められる重要な機能のひとつである。

今回はペアレンティングスキルに関する心理教育の例をあげたが、心理教育のトピックスは多岐にわたる。精神疾患、発達特性、ストレスへの反応、依存のメカニズムなどのメンタルヘルスに関する情報を、当事者や家族にわかりやすく説明し、理解を助けることは、当事者とその家族が症状と傾向を正しく理解し、今後の対応や工夫を考えるうえでたいへん有益である。

クライエントに正しい情報とスキルを伝えられるように、公認心理師は自分が臨床をおこなっている領域の情報やスキルについてアンテナをはり、質の高い心理教育を提供できるように常に準備しておくことが大切である。

なお、今回の症例は心理教育に焦点を絞り解説したが、子どもの問題行動を扱う際には、子どもの発達特性、認知特性、トラウマの有無、愛着の問題など、多面的に捉え、十分なアセスメントをおこなってから介入することが肝要であることを最後につけ加える。

文　献

Robin, H.G., Erica, P.M., Joshua, M.E. et al. (2016). Child-Adult Relationship Enhancement (CARE): An evidence-informed program for children with a history of trauma and other behavioral challenges. Child Abuse & Neglect 53, 138-145.

●現場への眼差 ··

☐ 「CAREプログラム」の詳細を調べてみましょう。

☐ ペアレンティング心理教育として、他にはどのようなプログラムがあるでしょう?

☐ クライエントに正しい情報やスキルをわかりやすく伝えるための工夫・配慮を考えてみましょう。

リワークデイケアの実践

会田龍之介

1. あるケース

新卒心理スタッフ〔以下、A〕は、精神科クリニック内のリワークデイ
ケア〔以下、リワーク〕に勤務している。Aの勤務するリワークでは休職者
の復職を支援するため、体力回復、集中力向上、再発防止の三点を
柱にプログラムが提供されている。

一日の時間割は、会社での枠組に近いものが用意されており、利
用者〔以下、メンバー〕は午前と午後にそれぞれ用意された大枠プログラム
から自身の課題や体力に合ったものを選択することができる。講座
型プログラムでは、一つの講座を毎週決まった時間におこなうこと
ができるため、宿題も取り入れることができ、リワークは心理教育
をおこなうには理想的な環境といえる。

メンバーが復職するまでの期間は最短で3ヵ月と設定されている
が、事情により1年以上在籍するメンバーもおり、用意された講座
型プログラムをひととおり体験し終えてしまったメンバーもいた。
そのため、「目新しいものを」という上長の要望があり、Aは学生時
代の経験を活かして新規にプログラムを作成することとなった。

[心理教育プログラムの構造]　本プログラムの目的は四つある。①柔
軟な認知的思考の獲得、②自己肯定感の向上、③ポジティブな生活
習慣の獲得、④主体的な人生選択の促進、である。特にメンバーは、
休職している現状に罪悪感を覚え、楽しむことを自ら制限していた
り、休職を失敗体験と捉え自信を失っている場合が多いということ

を、Aは、これまでのメンバーとの触れ合いから感じていた。これらの課題にうまく対処し、周囲の意見に惑わされず主体的な人生選択ができるようにと、上記の目的を設定した。

プログラム構成は、第1回：対人コミュニケーション、第2回：感謝、第3回：強み（ストレングス）、第4回：自己受容、となっている。受講者全員が同じ講義を受講し、四、五人のグループでワークの内容をシェアしながら進める形式を想定した。

2. 精神科デイケアのケース

プログラムには約30名のメンバーが参加した。熱心なメンバーが多く概ね好評だったが、作りこみの甘い部分や、ワークやシェアの作業時間が十分に確保されなかった場面では、困惑した表情が見られたり、改善の意見が出されることもあった。また、個々人の能力や病態水準に幅があるため、作業速度や課題の理解に差がみられた。
▶2-29〜33
プログラム受講時に違和感を覚えたメンバーや、十分な効果がみられたメンバーを以下に紹介する。

食品メーカーに勤務するOさん（20代男性）は、うつ病の診断でリワークを利用していた。自己肯定感が低く、頼みを断るのが苦手で、引き受けた仕事量に圧倒されての発症であった。

Oさんは、ポジティブ心理学でよく用いられるエクササイズである、強みのワークに苦慮していた。自分の強みに気づき、そのような強みを持つ自分を肯定するという流れでおこなわれたが、ワークの時間内に強みを見つけることが出来なかった。後にスタッフとの雑談で『強みのない自分がダメな人間に思え、苦痛だった』と語っていた。

Oさんは、担当スタッフと面談を繰り返し、家族や会社の悩みを

口に出して整理する体験を重ね、また他のメンバーから『Oさんには素敵なところがたくさんある』という力強い声を聞くことで、自己肯定感の低さを明確に自分の課題として捉えられるようになった。『自分のいいところを自分でも認められるようになりたい』と口にして、さまざまなプログラムでリーダーや発表者役にも挑戦し、自信に満ちた表情をみせるようになり復職していった。

　飲食店に勤務するQさん（40代男性）は、発達障害とうつ病の診断でリワークを利用していた。Qさんには他責的な傾向があり、会社の欠点にばかり目が向く様子であった。

　そのため、ものごとのポジティブな側面に目を向ける宿題には特に苦慮していた。この宿題は、ポジティブ心理学で用いられるTGT（Three Good Thing）というエクササイズを参考にしたもので、一日の終わりに、その日あった「いいこと、感謝したこと」を書き出すというものだった。Qさんは『これは何か意味があるんですか』と冗談交じりに愚痴を漏らしていたが、プログラム終了までの4週間、欠かさず宿題に取り組んだ。

　初めのうちは特別な出来事を書き込んでいたが、時間の経過とともに「家族が愚痴を聞いてくれた、感謝したい」など些細な出来事もポジティブな視点で捉えられるようになっていった。数カ月後の担当スタッフとの面談では『休職当時、会社には嫌なイメージしかありませんでした。でも今は、やりがいもあったし、味方になってくれる人もいると気づけました』と会社のポジティブな側面を口にし、復職への手応えを語るようになり、職場に復帰した。

　営業職のRさん（40代男性）は、適応障害の診断でリワークを利用していた。彼は、慣れない職場に管理職として異動になり、その環境に適応しようと無理をして体調を崩していた。また、休職して家

で休養するRさんに妻が厳しく接するようになり、Rさんは家に居場所をなくしている状況だった。

身近な人間に感謝の手紙を書くワークにおいて、Rさんは誰に手紙を書くか迷っていたが、しばらく悩んだのち、関係の悪化していた妻と高校生の娘への思いを綴っていた。後日、Rさんはスタッフとの雑談で、書いた手紙を家族に渡したこと、久しぶりに家族と仲直りが出来たことを照れ臭そうに報告してくれた。

Rさんのように、家族との良好な関係が、休職した当人の精神状態にプラスに作用し、復職の後押しになることもある。Rさんは、家族の理解を得たことで心の負担が減り、また家族で家事を分担したことで生活リズムが改善してリワークに安定して通えるようになり復職を果たした。

3. 振り返り

全体を通してみると、自分のポジティブな側面である「強み」を扱うワークで苦慮するメンバーが多かった。これは、休職により自己肯定感が低下しているメンバーの状況を考慮すると予想できることであった。Aはワークへの導入説明を丁寧におこなったり、シェアグループのメンバーを調整するなどの配慮をおこなったが、プログラム内容への困惑を示したメンバーが複数おり、反省すべき点となった。プログラム受講時に違和感を覚えたメンバーの様子は、常にスタッフ同士で共有をしていた。そのため、プログラムにより浮彫になった個人の課題を、担当スタッフが個別面談などで扱い、さらなる自己洞察を促すことができた。このように、プログラムが受講者にどのように作用するかを予想して内容を吟味することが大切であり、場合によってはプログラム中にケアが必要な場合もあると思われた。

Aにとって、自分でプログラムを作成し、実際に場を仕切るのは初めての経験であった。社会人として先輩にあたるメンバーを前にプログラムを実施するのは不安が大きかったが、「受講してよかった」という感想が聞けて、心理教育の効果や手応えを感じることができた。真摯な態度で受講する方々のために、内容やタイムスケジュールの管理など、より受講者目線で理解しやすいプログラムを作成していきたいと考えている。

文　献

秋山剛(監修)、うつ病リワーク研究会 (2009).『うつ病リワークプログラムのはじめ方』弘文堂.

Christopher, P. (2006). A Primer in Positive Psychology. Oxford University Press.　宇野カオリ(訳) (2012).『ポジティブ心理学入門──「よい生き方」を科学的に考える方法』春秋社.

Dilip, V.J. & Barton, W.P. (2015). Positive Psychiatry: A Clinical Handbook. American Psychiatric Association Publishing.　日本ポジティブサイコロジー医学会(監修)、大野裕・三村將(監訳) (2015)『ポジティブ精神医学』金剛出版.

◉現場への眼差

☐　「強みのワーク」「TGT」「身近な人間に感謝の手紙を書くワーク」の詳細を調べてみましょう。

☐　リワークデイケアにおいて、他にはどのようなプログラムがおこなわれているでしょうか?

☐　プログラムを作成し実際におこなうにあたり、どのようなことに留意・配慮しておくべきでしょう?

第 **2** 章

福祉分野における
心の健康教育

母親へのストレスマネジメント

丸山陽子

1. 児童福祉支援領域における保護者支援

　子どもの主な養育を担うのは母親であることが多い。Web上にさまざまな情報はあるが、初めての子育ての場合は不安も大きく、思うようにいかない子どもへの対応に悩む母親も多い。また、母親が働きながら育児を担う家庭も増加し、余裕のない状態が子どもの生活にも表れていることも少なくない。そのうえ、子どもに発達の偏りがあった場合は、母親の不安やストレスはさらに大きなものとなり、子どもへの虐待へと移行する危険性を孕む。2016年の児童福祉法改正では、児童虐待について、発生予防から自立支援まで一連の対策の更なる強化等を図るため、市町村は、妊娠期から子育て期までの切れ目ない支援をおこなう子育て世代包括支援センター（法律上は「母子健康包括支援センター」）の設置が求められた。

　公認心理師も児童福祉領域でさまざまな援助をしていくと考えられる。そのなかでも母親に対する支援は、母親の育児への不安に寄り添いながら、育児ストレスへの対処の仕方について支援すること、すなわち「育児ストレスマネジメント」が大切である。

2. ストレスマネジメントとしての保護者支援

　ストレスマネジメントは、ストレスと上手につきあい安心して生活できるように自己コントロールできるようになることであり、心の教育として集団に適用でき、ストレスに備える「予防教育」とし

▶3-66,67

ての意義がある。認知的評価をどの程度変えることができるか、どの程度対処法を身に着けているか、によってストレスの感じ方は異なってくる。

　現在、育児への支援は地域子育て支援拠点施設として「子ども家庭支援センター」を中心に、子育て支援センターや、ファミリー・サポートセンターなどで、子育て中の親子の仲間づくりや育児相談などがおこなわれている。また、イベントとして名称は多様であるが、ストレスマネジメントの講座も開かれている。筆者自身がおこなっているいくつかの講座について紹介する。

(1)子育て支援グループ対象のストレスマネジメント講座

　この講座は日頃より所属する子育てグループに集う母親が対象で、集まるメンバーは顔見知りであることが多い。就園前の子どもを持つ親が対象の場合は、母子分離ができると講座に集中できるので、別室保育付きの形をとることが多い。リラクセイション体験を中心とした母親向けのストレスマネジメント講座の概要（冨永ら〔1999/2000〕を参考にした）を【図1】に示す。

　レクチャーでは最初にストレスや不安は実体がなく、自分で作りだしている仕組みを話し、だからこそ自分で解決できる問題であることを実例を用いて伝える。ストレスがその人に耐えられる限度を超えてしまうと、身体症状や精神症状、行動など心や体にサインが現れることや、感情を無理に押し込めると身体反応を引き起こしやすいことなどを、自身の経験から理解してもらう。ストレスに対処するためには、そのサインを早めに発見することが大切である。ストレス状態が、どの症状となって現れるかは人それぞれであるが、心や体、行動に変化が現れた場合は早めに気分転換し、自分自身をいたわることが必要であることを伝え、動作を用いたリラクセイション体験への導入とする。また、ストレス対処法として、人に話を

レクチャー(30分)
- 自分のストレスについて(小集団での話し合いを取り入れる。)
- ストレスの構造
- ストレスの対処法
- ストレスマネジメントとは
- ソーシャルサポートの活用について

リラクセイション体験(40〜60分)
- 自分のからだを診る(弛めることの難しさ)
- 動作を使ったペアリラクセーション(肩周り)
- 動作法による顔の弛め
- 呼吸法(仰臥位)
- 自律訓練法(重感・温感)とイメージを使ったリラクセーション法
- 立位による踏みしめ(動作法)

シェアリング

子育てグループへのプログラム

▶3–64,65,72

聞いてもらうことやソーシャルサポートの効果についても伝え、育児相談や所属グループの活用を勧める。

　リラクセイション体験はお互いにからだに触れるワークもあるので演習前には出身地と名前を言って全員と握手するまたは名前覚えなどの構成的グループエンカウンター〔以下、SGE〕を取り入れ、仲間作りをしてからおこなう。問題に立ち向かうために気持ちを整える情動焦点型対処法の一つとして、動作法を用いたワークを体験する。

▶2–75/3–122

動作としてからだで覚えるためリラクセイション技術を身につけることができる。最後のワークは催眠暗示を用いるためリラックス効果が高いが、家庭で同様に実施するのは難しい。家庭でのセルフマネジメントを推進するためには漸進的弛緩法のほうがよい。

　講座後も実践したいとの感想も多く、講座での方法を子どもに用いてみた報告もある。ワーク直後のシェアリングでは、ペアのリラクセイションで、肩に手を当てられた時の温かさを改めて感じ、コミュニケーションにおけるスキンシップの大切さを再認識すること

もある。子どもにストレス反応が出た時に何らかの技法を母親が使えれば、子どものストレスマネジメントにも有効である。

「帰ったらどうやって子どもを叱ろうかと考えていたが、叱る気がなくなった」「穏やかな気持ちになった」「元気が出た」などの感想が多い。母親を取り巻く環境は変わらないにもかかわらず、心はポジティブな方向への変化が大きいのである。シェアリングでは気分の変化が育児ストレスに関わっているという事を実感できるように取り組んでいく。

(2) リラクセイション体験を中心としたストレスマネジメント講座

公民館や子育て広場、児童館などに集まる就園前の母親を対象とする場合は40分程度で、人数は15人以下。子どもが0歳児の場合は人見知りが強く出て、母親と分離できないこともある。子どもが泣いてしまい、ほとんど講座に参加できないということがないよう配慮する。ストレスの話は10分ほどで、ストレスや不安は自分で作りだしていること、そのため自分で解決できることを参加者とやりとりしながら、実例をもとに伝える。

このワークも (1) と同様、お互いにからだに触れるので「私の母の名前は○○です」などのSGEをおこない、コミュニケーションのレディネスを作っておく。技法は一人で使えるもの（ツボ刺激、くにゃくにゃ体操、顔の弛め）、子どもに対して使えるもの（肩のリラクセイション、ハンド・リラクセイション、タッピングタッチ）で、その場で自分の子どもにも用いることができるものを多く使用した。肩のリラクセイションは手を肩に当てるだけのシンプルなものであるが、初対面の場合もあるので、手が直接肌に触れないように首まわりの広い服を着用している人のために薄い手ぬぐいなどを準備する。ハンド・リラクセイションは、相手の掌や指、甲の皮膚を軽く引いて待つ。引いて待っていると滑らかな動きが出てくる。この操作に併せて、

『上手ね』『痛くない?』などの相手に寄り添うことばをかけていく。最後の踏みしめをしっかりおこない、大地に立つ感じを味わってもらうことは必須である。また、ストレスチェックを講座前後で実施し、気分の変化を実感してもらう。ハンド・リラクセイションは話をしながらもできるので、児童館では母親同士の交流が深まりソーシャルサポートの輪が広がっていくことや、指導員が技術を身につけることで育児相談に繋げることが期待される。

3. 振り返り

　ストレスマネジメントプログラムに参加することで、まずは母親の孤立を防ぐことに繋げていきたい。孤立した育児は、虐待や自殺につながる可能性をもつ。厚生労働省 [2018] によると、心中以外の虐待死亡例の81.6%は3歳未満であり、65.3%は0歳児である。母親へのストレスマネジメントは妊婦の時から始めていきたいものである。

　ストレスマネジメントプログラムは集団の大きさや集団の質によって内容を変えていく必要がある。育児サポートグループに属している母親の場合は、孤立はしておらず、かつ今後も育児サポートをする側に立つことが想定され、ストレスマネジメントの理論についても十分に理解する意欲を持っている。わかりやすい資料を準備し、母親たちの等身大の例を用いながら、ストレスの対処法としてのソーシャルサポートの重要性を伝え、育児相談の利用へのハードルを下げていく。また、気持ちについての対処（情動焦点型対処）のなかにはゲームやギャンブルへの依存や人を殴るなど、虐待につながる傷つけ対処も、ストレスを解消しようとするひとつの働きであることも理解してもらいたい。毎回リラックス体験を含めた、複数回のプログラムでの開催が効果的であると考える。

　地域子育て支援拠点施設のイベント型に申し込む乳児を持つ母親

は"リラックス"という言葉に惹かれて参加する。7～8カ月の子ども
だと人見知りで別室保育は難しく、ワークに取り組みにくいことも
ある。しかし、複数のアシスタントや保育者の協力があれば、母子
同室での実施も可能である。地域の託児ボランティアグループとの
連携を図るなど、地域資源を活用し、支援の輪を広げたい。

　この集団プログラムには臨床動作法の技法を用いている。緊張が
強い場合はからだの感覚も悪くなり、母親同士では緊張の弛む感じ
もわからないことがある。無力感が増幅しないように、その時は確
かな技術をもつ心理師が介入し、弛んでほっとした体験に導くこと
が大切である。技術の研鑽のための研修は怠ってはならない。

文　献

冨永良喜・山中 寛 (1999).『動作とイメージによるストレスマネジメント教育 展開
　　編──心の教育とスクールカウンセリングの充実のために』北大路書房.

山中 寛・冨永良喜 (2000).『動作とイメージによるストレスマネジメント教育 基礎
　　編──子どもの生きる力と教師の自信回復のために』北大路書房.

◉現場への眼差 ....

☐ リラクセーション法の詳細を調べてみましょう。

☐ 例えば近隣の子育て支援施設では、どのようなイベントや講座がおこなわれている
でしょうか?

☐ 母親のストレスマネジメントにあたり、子どもの年齢や母親の特性に照らして配慮
すべきことは?

ひきこもり支援と地域の場づくり

井利由利

1. ふたつの役割

内閣府の調査〔2016〕によれば、15〜39歳の若者のうち、学校や仕事に行かず、半年以上コンビニなどや趣味に関する外出以外は自宅に閉じこもり、人間関係のない広義のひきこもりの若者は、全国で推計54.1万人（1.57%）、趣味に関する外出もしない狭義のひきこもり状態にある若者は全国で17.6万人（0.61%）と社会的に孤立している若者が増えている。また、井出草平氏の内閣府調査の分析によれば、日本人の若者（15〜39歳）のおよそ10人に1人がライフイベントとしてひきこもりを経験し、うち40%は1年以内にひきこもりから抜け出し、70%は3年以内に抜け出しているという。残りの30%の若者は、重層な支援、いわば専門的な支援が必要とされる。

▶2-100,106

ひきこもり支援における専門的支援、公認心理師が担うべき支援とは何か？　ここでは、長期的な展望として述べる。一つは、3年以内に抜け出す70%の人に対する支援である。ほぼ自力で抜け出す力をうまく引き出し、長期化・悪化させないための家族や社会への啓蒙・啓発である。家族に対しては、ひきこもりを長引かせる悪循環を防ぐ家族支援、また、地域の力や周りの大人の力が低下していると言われる昨今、生きることに迷う若者を見守る「支援」という名ではない地域の「場づくり」「人づくり」が必要である。

二つ目は、30%の抜け出すことが難しい人へ支援である。こうした若者の抱えている背景は実に重複している。統合失調症、気分障害、不安障害、発達障害などを主診断とする人、確定診断以前の可

能性が高く、グレーゾーンの場合も多い。家族関係（家族療法の対象となる）、生活困窮、8050問題、発達障害の二次障害、パーソナリティの問題、LGBTなど、背景は多岐にわたる。ここで求められる専門性は、的確なアセスメントである。そして、必要であれば、医療（地域の保健師、クリニックなど）、福祉（ケースワーカーなど）、教育（児相、教育センター、子ども家庭センター、SC、SSW、YSW、学校など）、就労支援等の他機関、多職種と連携しつなぐことである。

　公認心理師は、この二つの役割を組み合わせ、支援をおこなうことが望ましい。地域の支援機関と協働できるハブ機能をもつことと、地域に点在するさまざまな若者・子どもたちの居場所、学習支援の場、子ども食堂などとつながり、その場から零れ落ちそうになる人がいないかを現場の職員と協働し、必要な場合は、コンサルテーションしていくことが望ましい。心の専門的知見を生かした支援はもとより、そこに留まらず、また閉鎖的にならないよう他機関、多職種へつなぐことが何よりも重要である。

2. ある事例

　以下、現状でおこなうことのできる事例として、複数のケースをもとにした創作事例（Aさん、28歳、男性）を示し、「ひきこもり」の居場所とつなぎ支援の一例としたい。

　Aは、公認心理師が職員として活動している居場所に28歳の時に訪れた。広汎性発達障害の診断を受けているがグレーゾーンであり、本人の自覚は乏しく、むしろ二次障害と思われる不安定さ、感情のコントロールができない、自分は生きていても意味がない、生きている価値がないといった自己否定、自責感が強く、うつ傾向もあり、どうにも体が動かなくなることがあった。また、母親も精神疾患があり、母親の具合が悪い時には、本人が支えなければならないケア

テイカーの役割を担わなければならなかった。

　Ａはきちんと挨拶をし、好青年の印象。これまでの経緯を話し、大学は、留年を繰り返していて、退学を考えていることを『将来は仕事をして自立したい』とポジティブに語った。しかし、自他両方から否定され続けてきた経験が多く、偽りの自分を演じてきたために身も心も疲れていることが見てとれた。「何もしなくてもいい場所」「そのままの自分でいていい」と伝え、日々の活動のなか、スタッフと共にその実践を繰り返した。また、主治医と連絡を取り、支援方針の共有をおこなった。

　居場所に来られなくなる時は"自分の行動が他の利用者に及ぼしている影響""人からどう見られているか"に過度にとらわれていること、規範意識が強く、社会に適応する志向が強すぎるため、それが自己否定、ひきこもりにつながっていることに次第に気づくようになっていった。居場所は自由参加が原則であること、「〜しなければならない」場ではないこと、強制はされないこと、ただし、自分の行為の責任は自分でとることを、仲間とのかかわりや心理的プログラムワーク、一泊旅行やクリスマス会、バーベキュー、スポーツ大会などのイベントを通して学んだ。自由にふるまえるようになり、『みんなと同じである必要はないんですね』と述べた。また、他愛ない会話や雑談に苦手意識があり、不安から、事前にシナリオを作ってくることが多かった。少しずつそこまでしなくても、否定されない、受け入れられていることを実感できるようになった。自分の話を一方的に話し続ける傾向もあったが、スタッフや仲間が辛抱強く聞いているうちに対話ができるようになっていった。

　母親とは、個人カウンセリングを定期的におこない、母親の安定を図り、支援のパートナーとして一緒に子どもにかかわる姿勢を徐々につくった。母親は頑張ってそれに応えていった。母親が安定してくるに応じてＡも安定し、感情のコントロールが可能になっていく

のが明らかだった。2年後にはアルバイトを始めた。居場所に来な
がら並行してアルバイトをしていたが、強い叱責にあい辞めること
になった。一般就労と福祉的就労の間の中間的就労へ導入し、かな
り落ち込んでいたが、体調を整え、ゆっくりと以前の状態にまで回
復を果たした。その経験もあって、3年目に発達障害の診断を就職
活動に使う障害者就労の道を選んだ。悩みながらも決断し、障害者
就労移行支援事業所へ2年間通い、就労を果たした。

3. 事例の振り返り

[そのままでいていい居場所の創設]　本人の自己肯定感や生きる意欲
を養い、引きだすためには、まず、否定されず、安心して自分自身
が自由に表現できる場所が必要となる。それは、対話を含む、さま
ざまな活動によって培われ、頭の理解よりも体験が重要である。

[柔軟な目標設定]　若者たちは、生き方を強制される存在でも、何か
の目標に向かって進まなければならない存在でもない。彼らは自ら
の生を自ら選び、そしてその生は長い人生の中で変化し、柔軟に姿
を変えていくものである。何かをしてあげるという姿勢は支援者の
暴力性をはらむものであることに自覚的でなければならない。

[対等な他者の存在──親子関係の改善]　重要な他者、対等な他者が必
要となる。人の顔色ばかりをうかがいながら生活してきたひきこも
りの人にとって、対等に意見が交わせ、自己主張できる場が重要で
あり、このことで自他の区別、自他の境界線が明確になる。Aは、
親は自分とは違う存在であること、親の期待なのか自分の欲求なの
かの区別がつかない融合した状況を打破することができた。こうし
た適度な心理的距離感により、Aは主体性を回復し、自ら選択し生

きる覚悟を持つことができたと考えられた。

[ひきこもり支援はつなぎ支援]　医療機関との連携による支援方針の共有、母親と本人のつなぎと適度な距離間の創出、仲間関係へのつなぎによる主体性の回復、中間的就労への導入、障害者就労への導入など、孤立している人と人を丁寧につなぐ支援が最も重要である。その際大切なのは、本人の主体性と意思を尊重すること、そして静かにそっと背中を押すタイミングである。

4.最後に

　事例では、触れることができなかったが、前述した一つ目のようなさまざまな地域の居場所を創設する動きは、今後ますます必要となるであろう。若者の二極化や閉塞化が言われるなか、若者同士の差別感が払拭できないでいる。弱者に対する差別感、自己責任論、それに伴う孤立化、こうした風潮に対し警鐘を鳴らし続ける100万人近いと言われるひきこもりの当事者の声を、公認心理師は伝えていかなければならない。世代や価値観が違っていても交わることができる「支援」という名のつかない居場所にかかわり、専門的知見とコストパフォーマンスを超えた共感と対話を主とした協働支援をしていくことが大切だと考える。

文　献

若者支援全国協同連絡会(編) (2016).『「若者支援」のこれまでとこれから──協同で社会をつくる実践へ』かもがわ出版.

宮本みち子 (2012).『若者が無縁化する──仕事・福祉・コミュニティでつなぐ』ちくま新書.

宮本みち子(編) (2015).『すべての若者が生きられる未来を──家族・教育・仕事か

らの排除に抗して』岩波書店.

鈴木國文・古橋忠晃・ヴェルー, N.(編著) (2014).『「ひきこもり」に何を見るか——グローバル化する世界と孤立する個人』青土社.

石川良子 (2007).『ひきこもりの〈ゴール〉——「就労」でもなく「対人関係」でもなく』青弓社.

竹中哲夫 (2016).『子ども・若者支援地域協議会のミッションと展望〈増補版〉——長期・年長ひきこもりと若者支援地域ネットワーク』かもがわ出版.

下川昭夫(編) (2012).『コミュニティ臨床への招待——つながりの中での心理臨床』新曜社.

●現場への眼差

☐ 若者がひきこもる背景は？　公認心理師がおこなうべき支援は？

☐ 事例のＡがひきこもりに至った背景や心理的要因を考えてみましょう。

☐ Ａが就労を果たすまでに公認心理師はどのような役割を担っていたと考えられるでしょうか？

第 **3** 章

教育分野における
心の健康教育

学校における未然防止教育

寺戸武志

1.問題行動などの未然防止

　学校では、いじめや自殺などの諸問題に対して、一次予防、つまりリスクの有無に関わらず、全児童生徒を対象とした予防対策が必要である。日常における生徒指導上の関わりや、集会や通信、掲示物といった啓蒙活動など、学校ではあらゆる場面で一次予防に係る取組が日常的におこなわれている。そのひとつに、心の健康教育などの授業を生かした未然防止教育がある。未然防止教育による予防対策は多くの学校で実践がおこなわれており、さまざまな自治体や研究機関等からは未然防止教育に係る授業プログラムが提供されている。例えば、兵庫県教育委員会では「いじめ未然防止プログラム」「自殺予防に生かせる教育プログラム」などを作成し、兵庫県心の教育総合センターのWebページ上にてそれらの授業案が提供されており、どの学校でも自由にダウンロードして利用できるようになっている。

(1)「いじめ未然防止プログラム」

　「いじめ未然防止プログラム」には約50種の授業案が収録されている。兵庫県内の教員や子どもたちを対象に調査した結果に基づいていじめをしない、させない、見逃さないために身につけさせたい11の資質・能力（ストレスマネジメント能力、セルフコントロール能力、思いやり・他者理解、自尊感情・自己効力感など）を策定し、それらの向上をねらいとした授業案が校種別に提供されている。どの授業案も頭

で理解するのではなく、体験活動を通した実感を伴った理解を目指す内容となっており、対象となる児童生徒の実態に合わせてアレンジして使用することも可能としている。また、児童生徒の11の資質・能力の状態把握に生かせるアンケートツール「CoCoLo-34」も付属しており、数値データをもとにしたアセスメントや、取組の評価に利用することも可能である。

(2)「自殺予防に生かせる教育プログラム」

　「自殺予防に生かせる教育プログラム」は、自殺予防を直接のテーマとする教育への下地づくりとして位置づけられた授業プログラムである。中学校用・高等学校用それぞれSTEP式の三つの授業から構成されており、基本的には提示されている授業案どおりに授業展開することと決められている。自殺そのものを扱うのではなく、自分や友人の辛い気持ちに早く気づくことができる「早期の問題認識（心の健康）」、自分が辛い時に周りに援助を求めたり、辛そうな友人を援助できたりする「援助希求的態度」の醸成をねらいとしている。本授業には自殺という言葉はほとんど出てこないが、心の辛さなどをテーマとする授業であるので、死への感受性が高まっていると思われる生徒や、授業実施後に何らかの反応が見られた生徒など、特定の生徒に対する十分な配慮や適切な対応が可能な体制を整備しておくことが必須となり、そのための手続き等についても提示されている。

2. プログラム実施に際するSCの役割

　これらの教育プログラムは、授業を実施するだけで教育的効果をもたらすというものではない。むしろ、単に教員が授業案どおりに淡々と授業を進めるだけではほとんど意味のない時間となってしま

う。教員がプログラムの意図やねらいを十分に理解し、それを実際に教壇から生徒に直接伝えることができる教員自身のありようや、「私の"心"にふれる授業だった」といった生徒の実感、プログラム実施による保護者・地域等の学校観改善への貢献など、授業へのコミットのありようや関係性変容の総和がプログラム実施の教育的効果を生み育てるということを自覚しておくことが大切である。また、そのためには、学校全体で組織的・計画的にプログラムの運用を進めていく必要がある。

　特に、学校組織の一員であるスクールカウンセラー[以下、SC]は、心理の専門家としてプログラム実施において大きな役割を担っている。SCが担うべき役割を(1)〜(5)にまとめる。

(1)授業案の検討・アレンジ

　授業内容や児童生徒の現状を勘案しながら、教員とSCが協働してプログラムに掲載されている授業案について検討し、必要に応じてアレンジする。一般的に、児童生徒が十分に理解できる授業にするには、主に「何を（学習内容）」「誰に（実施対象）」「どのように（展開方法）」の三つの要素を考える必要があり、教員は常に、学習内容を熟考し、実施対象となるクラスの現状を考慮しながら「この内容を、あのクラスで教えるには、どの方法が適切なのか」を考えて授業展開の構成をしている。その点で、心の教育に関わる教育プログラムでは、心理学的な視点や内容が髄所に盛り込まれているため、心理と教育の専門家によるコラボレーションが望まれる。SCの意見は、内容の意味をより深く理解したり、授業によるリスクについて検討したりする上で欠かせないものになる。教員は、児童生徒の現状を踏まえつつ授業展開を構成していく役割を担う。教員とSCが一緒に授業展開を練ることで、より効果的な授業にすることができるであろう。

(2)チームティーチングによる授業の実施

　授業を教員とともにチームティーチングで実施する。例えば、アサーションや傾聴、ソーシャルスキル・トレーニング〔SST〕、心理教育、リラクセーションなど、専門的な知識やスキルを扱う授業では、心理の専門家であるSCが実際に説明したり、実演したり、指導したりすることで、より正確で適切な内容の伝達が期待できる。また、直接専門家から受ける授業は、生徒の受け止め方にも違いを生む。教員が話す場面、SCが話す場面を適切に分担しながら進めることでより深みのある授業になる。さらには、生徒の前に立ってSCが話すことで、SCという心理の専門家がこの学校にいるということ、そのSCの名前と顔、人柄等を生徒に示すことができ、生徒との距離を縮める絶好の機会ともなり、相談室の利用活性化にも繋がる。

(3)般化への支援

　授業の内容やポイント、さらに伝えたいこと、授業時の様子や生徒の感想などを見やすくまとめて通信で発行したり、壁新聞にして相談室前に貼りだしたりして啓蒙活動をおこなう。このような授業では、授業で学んだ知識やスキルをいかに般化させるかが最も重要となる。しかしながら、授業実施だけでは、十分な般化が期待できないことが多い。般化させるために、教員は、授業内容を児童生徒会活動やさまざまな行事、普段の生徒指導など、さまざまな日常場面に関連づけるようにして継続した指導となる工夫をしているが、SCがそのような方法を教員とともに考えたり、啓蒙活動を継続したりするなどの支援を担うことで、学校とSCとが一体となった取組となり、教育効果を高めることが期待できる。

(4)教員研修の実施

　授業の実施前に教員研修を実施し、授業内容やそれに関連する心

理学的知見を解説したり、授業の実施時や実施前後における留意点などについて説明したりする。多くの教員はこのような心の教育に関する授業経験が少なく、内容の理解に不安を抱いている。特に、自殺予防に対する授業においては、「かえって寝た子を起こすのではないか」という思いを抱いていたり、「うまくやれる自信がない」ために実施に不安を抱えていたりする。このような適切でない考えや必要以上の不安を教員から払拭することは、自殺予防を授業で扱う前提条件となる。SCによる事前研修は重要な役割を担うことになる。

(5) 授業前後の支援

　自殺予防に関する授業などでは、過去に近しい人を自殺で亡くしていたり、最近に親族やペットなどの死を経験していたり、リストカットが常習化していたりするなど、死への感受性が高まっている生徒にとってはリスクが高い。このような生徒には事前から十分な配慮をおこなっておく必要がある。また、リスクの有無に関わらず、授業後には、これまで内に秘めていた辛さを何らかのかたちで表現し始める生徒が見られるようになることも考えられる。このような生徒への配慮や対応の仕方について、教員にコンサルテーションをしたり、生徒に直接面接相談をおこなったり、必要に応じてスクールソーシャルワーカーと協働しながら保護者や関係機関との連携を進めていくことも、SCの重要な役割となる。

3. まとめ

　子どもの多様性や、いじめ・自殺などの問題が社会全体で広く叫ばれるようになり、学校では、今後ますます心理学的な知見やそれに基づく個々への深い関わりが求められてくる。そこに重要な役割

を担うSCは、学校組織の一員として、子どもたちと関わっていかなくてはならない。本章で述べたように、特に学校における未然防止教育では、教員とSCとの協働の在り方がその効果を大きく左右する。子どもたちの心身の健やかな成長のために、教員と一緒になって貢献のできるSCとして活躍してもらえることを期待してやまない。

文　献

秋光恵子・松本剛・古川雅文・北川真一郎・寺戸武志・阿部浩士・堀井美佐 (2016).「学校におけるいじめ未然防止プログラムのための包括的尺度開発の試み」兵庫教育大学研究紀要48, 21-28.

寺戸武志・秋光恵子・松本剛 (2019).「学校におけるいじめ未然防止プログラムのための包括的測定尺度の改訂——信頼性・妥当性の検討と尺度の活用方法の考察」ストレスマネジメント研究15(1), 印刷中.

寺戸武志・堀井美佐 (2015).「いじめ未然防止プログラムの研究——実態調査を踏まえた実践的プログラムの作成」兵庫県立教育研修所研究紀要125, 1-12.

松尾直樹 (2002).「学校に蹴る暴力・いじめ防止プログラムの動向——学校・学級単位での取り組み」教育心理学研究50, 487-499.

●現場への眼差

☐ 未然防止教育に係る授業プログラムとして、他にはどのようなものが提供されているでしょう?

☐ SCが(1)〜(5)の支援を行うにあたり、SCは日頃からどんな準備をしておく必要があるでしょう?

☐ 教員とうまく協働するために配慮すべきことは?

第**4**章

司法・犯罪分野における
心の健康教育

性犯罪に関するプログラム

遊間義一

1. 被害予防と再犯防止のプログラム

ここでは、性犯罪に関する"予防プログラム"を二つ紹介する。

初めに紹介するのは米国の、女子大学生に対する性犯罪（性暴力）被害を予防するための〈一次予防〉のプログラムであり、二つ目は日本の、男子性犯罪受刑者に対する再犯防止プログラム、すなわち〈三次予防〉プログラムである。

前者は、犯罪被害者に対する支援として、「事件発生後のケア」が中心であった従来の対応とは異なり、「未然に被害を防止する」ことを目的とするという点で、画期的な試みである。後者は、犯罪者の再犯抑止の中心的な役割を担っている法務省がevidence basedな受刑者処遇に取り組み、再犯抑止効果の測定も含めた科学的処遇をおこなっている例として取り上げる。

いずれも今後の性犯罪防止のための重要な手段となることが期待され、今後の発展が望まれる分野である。

司法・犯罪領域において心の健康教育が単独でおこなわれることはあまりなく、むしろ、犯罪被害の予防プログラムや再犯防止のための介入の一部としておこなわれることが多い。「性暴力被害予防プログラム」は、潜在的な加害者と被害者に対する情報伝達が中心となるので、そうした点では心の健康教育が中心ともいえる珍しい例である。女子大学生への性暴力被害を防ぐためのプログラムにおいては、心の健康教育は、一般学生を対象として犯罪被害を受けやす

い状況について情報提供するだけにとどまらず、自らが加害者とならないようにするための情報提供もおこなう点が特徴である。

　他方、「再犯防止プログラム」における心の健康教育は、介入の一部としておこなわれる。再犯防止プログラムのなかに"心の健康教育"が存在することの背景には、「既に犯罪をおこなった者の"心の健康"を確保しなければ再犯を防止することができない」という認識がある。犯罪行動を変えていくには、介入の初期段階で、犯罪加害者に自らの現在の姿に目を向けさせ、健康な状態に戻す必要性を犯罪者自らが感じ取ることが欠かせない。その際に、正しい情報を提供するという"心の健康教育"が重要な役割を果たすこととなる。

　一部の犯罪者には、実社会で強いストレスに晒されて、そこから一時的に逃れるために犯罪を繰り返している者がいる。彼らの再犯を防ぐためには、彼らがストレスとうまく付き合っていく方法を教えていくことが重要となる。また、ある受刑者は、歪んだ価値観を抱いており、それによって自分の犯罪行為を正当化している。彼が歪んだ価値観を抱くようになったことにはさまざまな背景が存在するだろうが、まずは正しい情報を与えることによって、自分の価値観が非常に歪んだものであることに気づかせることが必要となる。

2. 性暴力被害に関する実態調査と提言

　CSA（campus sexual assault）研究〔Krebs, C.P., et al., 2007〕は、「米国において女子学生が大学入学後に驚くべき頻度で性暴力被害にあっている」との問題意識からおこなわれた調査であり、その結果から大学がおこなうべき方策を提言している。犯罪加害および被害の予防策としては、珍しく〈一次予防〉に関連する提言となっている。

　本調査によれば、大学入学後に性暴力被害にあった者は全体の16%に及ぶ。力づくで（身体的に）強制されたものと、酒など薬物に

よって酩酊状態にされ逆らえなくなって強制されたものに分けると、大学入学後の被害経験は、前者で11%、後者で5%となっている。問題は、酩酊中の性暴力被害は、大学入学後の方が、入学前よりも4ポイントも上昇していることである。さらに、加害者の特性をみると、面識のある者による加害が圧倒的に多く、身体的強制による被害では77%、酩酊下の被害では88%を占めている。

　上記のような調査結果からの提言の一部を以下に抜粋する。

　女子学生に対しては、以下のとおりである。

① 性暴力の法的な定義を正確に教えること。どのようなものが性暴力で、どのようなものがリスク要因であるかについて情報を提供すること。

② 性暴力被害予防教育は酒や薬物に関する教育プログラムと合わせておこなうこと。

③ 性暴力は被害者の飲酒の後に続いて起こることが多いが、だからといって被害者が責められるべきではないこと。

④ 被害にあったときに、どのようにして警察や大学関係者に伝えるかを教えること。

　男子学生に対しては、次のとおりである。

① 性暴力の法的な定義と罰則について正確に教えること。

② 女性が性的な接触を持つことに同意しているかどうか、女性が同意できる状態にあるかについての判断の責任は、全面的に男性側にあるということを教えること。

③ 法的には酩酊下にある人は性的な接触に対する同意ができないこと、また酩酊下にある人と性的な接触をすることは許されないこと、について教育すること。

　さらに本研究では、これらの教育・情報提供は、一度だけ実施するよりも継続的な教育カリキュラムのなかで実施するほうが効果が期待できる、との提言もおこなっている。

　日本における女子大学生の性暴力被害の実情も楽観できない。石

井ら〔2002〕によれば、過去に強制性交の被害にあった者の割合は4%であると報告されている。また沖縄タイムスによる調査では、過去に無理やり性交された経験がある者が全体の4%、未遂は11%もおり、そのうち面識のある者からの加害が既遂で68%、未遂で70%となっている。

CSA研究の提言を実行しどのような効果が上がったのかに関する報告は見いだせないが、実態調査に基づく現実的な提言は、日本における性暴力被害の予防にも有効だと思われる。

3. 性犯罪受刑者に対する再犯防止プログラム

このプログラム〔法務省法務総合研究所, 2015〕は、カナダの矯正局が開発したものを、日本の実情に合わせセッションの実施回数を減らすかたちで実施している。基本はグループによる認知行動療法である。▶2-36～50

(1) 理論的背景

理論的には、アンドリューズとボンタ〔Andrews & Bonta, 2003, 2010〕が提唱したRNR（リスク-ニード-反応性：Risk-Need-Responsivity）モデルに基づく。RNRモデルとは、再犯リスクに基づいて犯罪者を分類し、リスクの高い群には密度の濃い処遇を、リスクの低い群には密度の薄い処遇をというシステムである。再犯リスクは、静的リスクと呼ばれる「犯罪歴」などの変えることができない要因と、動的リスクあるいはニードと呼ばれる「女性への敵意」など介入で変えることができる要因とに分けられる。介入はニードに対しておこなわれる。反応性とはどのように介入をおこなうべきかを示す原則であり、Andrews & Bonta は認知行動療法を用いるべきだと主張している。

(2)再犯防止プログラムの実際

[リスク評価とそれに基づく受刑者の最適な密度の介入への割り当て] 実際の受刑者への適用は、性犯罪のリスクアセスメントツールに基づいて、性犯罪受刑者を「高リスク群」「中リスク群」「低リスク群」に分類することから始める。受刑者は、それぞれのリスクの高さに応じて、高リスク群は密度の濃い介入（つまり、実施するセッションの多い処遇）をおこない、中リスク群には中密度の介入を、低リスク群には低密度の介入を、それぞれ実施することになる。

[異なった密度の介入] プログラムは「オリエンテーション」「自己統制」▶1-146「認知の歪みと変容方法」「対人関係と親密性」「感情統制」「共感と被害者理解」「効果維持のためのメインテナンス」という七項目から構成されており、高密度の介入では七項目すべてを、中密度では最初の二つ（「オリエンテーション」「自己統制」）および最後の「メインテナンス」を必須の項目とし、それ以外の項目は必要に応じて選択することとしている。低密度では「オリエンテーション」「自己統制」および最後の「メインテナンス」だけをおこなう。実施時間は、高密度／中密度／低密度でそれぞれ約110時間／約80時間／約20時間。実施にあたっては、指導者が二人、受刑者が八人のグループを作り、一回100分程度のグループワークを実施する。

　ここでは、介入の初期段階での自己統制を高めるための自己の再犯リスク認知を促すセッションについて述べる。再犯リスクとは再犯のおそれ／危険性のことを指しており、リスクを上げる要因としてあらかじめ介入する側が用意した19の動的リスク要因（介入によって、あるいは自らが変えられる要因）を示す。介入に際しては、まず対象となる受刑者に「リスクとは何か」を教え、そのうえで自分のリスクを理解することは再犯抑止につながること、とりあげるリスク要因はいずれも変えられるものであることを理解させる。

セッションでとりあげるリスク要因には、例えば、ストレスへの不適切な対処法、高リスク状況への接近などがある。これらの多くは、後に本格的な働きかけのなかで取り扱うことになるので、リスク認知の段階では、「このようなリスク要因があり得、それらが自らの性犯罪に結びついているかもしれない」との認識を持たせることが中心となる。ストレスへの対処法では、事件時に自らが置かれたストレスやそれにどう対応していたかを、グループで話題にする。他の対処方法があったかもしれないし、そうしていたら性犯罪に至ることはなかったかもしれないといったことを、グループワークを通じて自覚させることが重要となる。

このような働きかけにおいては、指導者から受刑者への一方的な情報の伝達ではなく、受刑者同士の相互作用を通じて、自らが当然のことと思っていたり、他の選択肢に気づいていなかったりする状況から、別の可能性に気づかせていくことが重要である。

自分の再犯リスクに気づくことは、性犯罪をおこなって現に刑務所で受刑している者にとっては、必ずしも容易なことではない。否認の機制が働いて、なかなか受け入れられない場合も少なくない。こうした時に同じ状況にいる構成員からなるグループの相互作用を利用して、現実の自分を受け入れられるようにしていくことになる。

[再犯抑止効果]　介入がどのような再犯抑止効果を有するのか、あるいはそのような効果はないのか、についての効果検証が継続的におこなわれている。法務省矯正局成人矯正課[2012]は、再犯率に関するハザード比（ある時点t-1まで再犯しないで時点tに再犯する確率）は介入によって20%減少したと報告している。また、Yuma et al.[2018]は、再犯に影響する要因の効果を除いた後で、条例違反で受刑した者（大半は痴漢）についてみると、介入群は、非介入群に比べて三年後の再犯率は、30%も減少することを示している。

文 献

Andrews, D., & Bonta, J. (2003). *The Psychology of Criminal Conduct*, 3rd ed. Routledge.

Andrews, D., & Bonta, J. (2010). *The Psychology of Criminal Conduct*, 5th ed. Routledge.

法務省法務総合研究所（2015）.「平成27年版 犯罪白書——性犯罪者の実態と再犯防止」日経印刷.

法務省矯正局成人矯正課（2012）.「刑事施設における性犯罪者処遇プログラム受講者の再犯等に関する分析」.

石井朝子・飛鳥井望・小西聖子（2002）.「性的被害によるトラウマ体験がもたらす精神的影響——東京都内女子大学生調査の結果より」臨床精神医学31, 989-995.

Krebs, C.P., Lindquist, C.H., Warner, T.D., Fisher, B.S., & Martin, S.L.J.W., DC: National Institute of Justice, US Department of Justice. (2007). The campus sexual assault (CSA) study.

Yuma, Y., Kanazawa, Y., Inozume, Y., Matsushima, Y., Maeda, S., & Watanabe, N. On the Effects of Japanese Sex Offender-Treatment Program: Is there a good match between the offenders and the treatment? 75th annual meeting of American Society.

●現場への眼差 ....

☐ 性暴力被害の予防は、どこでどのような内容でおこなうことが可能かつ効果的でしょう？

☐ 性犯罪再犯防止プログラムとしておこなわれていることの詳細を調べてみましょう。

☐ 再犯防止プログラムを受けている受刑者に働いていると思われる心理的機序は？

....

第 **5** 章

産業・労働分野における
心の健康教育

リワークプログラムの実際

梅澤志乃

▶1-156/3-108　　　▶3-51
1. EAPプロバイダのリワークプログラム事例

(1)グループ構造

[期間と回数]　週3回、1回90分、午前中に実施。全4週間、12回で1クール。

[グループ人数]　最大10名。

[プログラム内容]

　【振り返り】　日々の気分や体調の把握、他メンバーの話を聴くことで自己理解を促す。

　【コミュニケーショントレーニング】　自分の行動傾向を把握しなおし、円滑で健康な人間関係づくりに役立てることを目指す。

▶2-36〜50
　【心理教育】　認知行動療法やストレス対処について適切な知識を得て、気分による影響を小さくする行動を身に着け健康維持を目指す。

[対象と条件]　契約団体で休業中の従業員。通勤に近い時間の外出行動が可能、就労時と同じ起床就寝リズムの維持、疲労がおおむね翌日の活動に影響しない状態であること。

[ファシリテーター]　各プログラム1名、3名で担当。

[その他]　参加者はグループ参加中も定期的な個別カウンセリングによる支援を受ける。

(2)グループ全体の様子(20XX年2月1週〜4週)

　例年12月〜2月は年度初め4月の復職を希望する方が多く、グルー

プの利用希望が増える傾向にあり、このクールも同様で、最大の10名で実施した。

　この回は男性7名、女性3名のグループとなった。年代は30～40代。第1週目は初対面の緊張もあってかワークでもお互いに目を合わせにくい雰囲気で、一週間の振り返りでは「有意義だった」「これを学んでしっかり復職に活かしたい」など、自己の体験との照らし合わせがあまり見られず、やや表面的な理解にとどまっているようであった。

　二回目のグループ終了後、参加者Aの担当カウンセラーがファシリテーターに様子を聞きに来た。Aは振り返りで他メンバーの話に熱心にうなずいたり賞賛のコメントを送るなど、自分自身よりも周囲に労力を割いているように見えた。ファシリテーターからそれを聞いた担当カウンセラーは、Aの負担を抱える行動パターンが現れていると感じ、個別カウンセリングでの支援を試みた。カウンセラーが《Aさんは参加して、緊張はありませんでしたか？　体の疲れはありませんか?》と質問すると、Aははじめ『大丈夫です』と答えたものの、カウンセラーが《Aさん、自分より他人を優先しがちですよね。周りを気遣ったりもしたのでは?》と質問を変えると、少し考え込み、『緊張して……でも復職のためにがんばらなきゃと思って……疲れたかも、帰宅してから横になっていた』と語った。カウンセラーは話してくれたことを労い、疲労は当然のこと、感じられることは重要と伝え、感じたことをグループの振り返りで話すことがAにも周囲にも必要なことと動機づけた。

　2週目、グループの緊張は少し緩んだ様子だった。コミュニケーショントレーニングのプログラムで他人との境界線やアサーションについて触れると、断れない、感情表現が難しい、などの傾向があるメンバーはプログラムへの関与が高まったようだった。Aはワークのなかで、自分の困った場面やパターンについて話すことが増え、

ファシリテーターはそれにプラスのフィードバックを送った。他の
メンバーもその様子を見て、自分の過去の行動や今の対人関係での
苦労との関連を語るようになっていった。

　3週目、心理教育のプログラムでは認知の偏りを扱った。思考が
気分や行動傾向に関わっていることを踏まえ、ワークで自分自身の
傾向を話し合い修正を試みる場だったが、抵抗もあるのか、ピンと
こない表情のメンバーもいた。特にメンバーのBは、これまで目立
った発言が無かったが、上司など外部に問題があると認識している
ようで、かつ自分が変わることに消極的な言動が見られ、心理教育
のファシリテーターは戸惑いを覚えた。ファシリテーターからこの
様子を聴いたBの担当カウンセラーは、Bの考えを否定せず聞いた
うえで、《職場にも問題はあるかもしれないですね。ただBさん、そ
こに戻るわけでしょう。少なくとも自分の健康を損ねずすむよう、
戦略を変えられるに越したことはありません》と問いかけた。Bは
『まぁ……、そうですね。二度とこんな目にあうのは御免ですし』
と、やや不承不承ではあるが行動変容の必要性に理解を示した。こ
の内容を共有したファシリテーターは、「周囲に要因があった場合で
も、相手に怒りを抱き続けることで緊張感やうつの状態を長引かせ
てしまうこともある。自分を守るために幅を広げておくとよい」な
ど、グループでの伝え方を工夫してBや他のメンバーに理解を促す
よう努めた。

　最終週の振り返りでは第一週の表面的な言動はさらに薄れ、参加
メンバーはおおむね自分の課題と照らし合わせて振り返り、変える
ことの難しさや試してみた成果などを共有し、お互いの悩みや困難、
行動に励まされた様子であった。

2. 振り返り

(1)職場復帰での参加者の動き

　精神疾患を患い仕事を休むことは、労働者にとって喪失や失敗の
体験となり得る。またそのため職場や周囲に対し、怒りの感情やそ
の表れとして他責的な思考、言動が向けられることは十分起こり得
ることである。さまざまな職場復帰支援のグループには、再発防止
▶3-53
のため自分の行動や思考を見直すプログラムが多く含まれるが、場
合によっては上記のような感情が喚起されたり、なぜ自分だけが変
わらなければならないのかとの不満を訴えることもありうる。客観
的判断や事実確認にとらわれず、参加者の主観的訴えを受けとめた
うえで、課題場面でいかに本人が負担を抱えずに対応できるかを検
討できるよう動機づけ、支援することが重要である。

(2)場の特徴と対応

　職場復帰支援のためのリワーク（職場復帰のための）グループ活動
は、障害者職業センターや各病院、クリニックでの医療デイケアと
してのプログラムなど今やさまざまななところでおこなわれている。
本EAPプロバイダでのリワークプログラムはデイケアより拘束時間
が短く、デイケアのような長時間の対人関係体験のなかで自分の特
徴や課題を認識するプロセスを得にくいのは事実であろう。そこを
補うのが個別カウンセリングである。個々のメンバーが担当のカウ
ンセラーとともに自分の傾向を踏まえ、知識として得た情報をいか
に活かし得るか検討し、生活内での体験に落とし込む支援を平行し
て受けることが重要と言える。本クールのなかでは、自らの対人行
動傾向が負担を呼び込むパターンのA、職場に対する怒りや他責思
考の強いBが、それぞれ課題とプログラム内容を結びつけるよう動

機づける支援がなされた。

(3)心理職の役割・課題

本事例のように、個別の支援はグループ全体の支援にもなりうることは理解できるだろう。心理職は連携を課題とされることが多いが、公認心理師の職務には連携が含まれている。クライアントの問題改善や福祉向上のため、機関内外を問わず必要な情報の共有、協働は常に念頭におくべきである。

また昨今では、職場復帰の前、従業員の復職可否判断のひとつの材料として、職場からリワークプログラム利用の有無を確認または推奨されることが増えてきた。言いかえれば、「病状が回復した」との主治医の診断書が各職場において必ずしも「仕事ができる状態である」説明に十分でないとの認識があり、職場復帰の可否判断における有力な情報としてリワークプログラムに期待が寄せられているといえる。そのため心理職には、従業員が職場で「働く」ことに何を求められ、プログラムの経験から何を活かし得るか、非専門職にも理解できるよう説明する努力が望まれるだろう。また、組織側にも変化が必要な場合もある。職場組織に向けた提案や助言、ならびに動機づけ、「場」を動かすスキルも重要になってくるだろう。

●現場への眼差 ....

☐ リワークプログラムの参加者はどのような思いを抱いていると想像されるでしょう？

☐ 病院などの医療デイケアでおこなわれるリワークプログラムとの違いは？

☐ ファシリテーターと担当カウンセラーがそれぞれ留意しておくべき点は？

....

大学職員のキャリア発達に対する実践例

宮崎圭子

1. 心の健康教育とキャリア教育

　「キャリア」とは過去から将来の長期にわたる職務経験や、これに伴う計画的な能力開発の連鎖を指す［厚生労働省, 2002］。一見、心の健康教育と無関係に思える人も少なくないだろう。しかしながら、上記の報告書にも明記されているように、誰しも突然失業する可能性、長年にわたって蓄積してきた職業能力が無になる可能性（技術革新の急激な進展やニーズの変化により）などの変化に、労働者は直面している。このような状況は、労働者の健康に直結する。

　先の「理論編」第2章「心の健康教育としての心理教育の理論」で、WHO（世界保健機関）のメンタルヘルスの定義を紹介した。WHOの定義では、メンタルヘルスがよい状態というのは、「単に疾病に罹患しておらず、衰弱していない状態ということではなく、身体的、精神的、社会的に良好な状態」である。上述のような厳しい状況に直面していなくとも、自身のキャリアにより納得でき満足できる状態というのは「身体的、精神的、社会的に良好な状態」に貢献する。

　以上より、本稿では勤労者（ここでは大学職員）のキャリア発達に対する心理教育プログラムの実践例を紹介したい。

2. 宿泊型のキャリア心理教育

　X県の私立大学16校の学生部実務担当者たちに、「学生理解とその対応」を目的とした宿泊形式（1泊2日）の研修をおこなった［宮崎, 2008］。

「学生理解とその対応」というテーマは、平川〔2006〕の指摘する「現場への支援」がキャリア開発のポイントであることから鑑みて、彼らのキャリア開発を目的としたサイコエデュケーショナル・グループとして位置づけ、プログラムを作成した。その作成においては、6ステップモデル（詳しくは【理論編】第2章を参照）に沿った。

ステップ1 目的の宣言：「共通の問題」として、自己理解を深め、学生対応という職種に対する認知を再構成すること

ステップ2 ゴールの確立：「彼らの窓口対応能力を促進させる」こととした。

ステップ3 目標の設定、ステップ4 内容の選択、ステップ5 エクササイズのデザイン：下記に記す。

ステップ6 評価：時間イメージ尺度〔都築, 1993〕、ストレス反応チェックリストをサイコエデュケーション実施前後におこなう。

なお、ステップ3,4,5に関しては、大山〔2006〕が提唱する「自分軸」「時間軸」「環境軸」の三次元を基本に構成を試みた。以下に、プログラムの詳細を以下に述べる。

①プリテスト：上記の二種類のアンケートを回答。
②自分軸のエクササイズ（自己理解）：TEG（東大式エゴグラム）を使用。リーダーの指示のもと、自己評定し自己分析してもらう。
③時間軸のエクササイズ：描画法として、9分割統合絵画法を採用。これは森谷〔1987〕が開発した療法である。1枚の画用紙を3×3の9個に分割し、1つのテーマに対して持っているさまざまなイメージをその九ヵ所に描いていくという方法である。筆者が用いた9分割統合絵画法は、三つの列を過去・現在・未来に分けて、「私と仕事」というテーマで描写してもらう方法をとった【図1,2】。
④アイスブレイク
⑤ディスカッションに向けての二種類のウォーミングアップ：二人

ペアで自己紹介、続いて6人グループで他者紹介をおこなった。
⑥環境軸としてのエクササイズ：学生部として共通の問題となっているであろう事例（事例内容：「大学を辞めたいと窓口に来た学生を、あなたならどう援助するか？」）を提示し、ブレーンストーミング形式で、6人グループのディスカッションをおこなった。各グループで、考えうる学生の辞めたい理由を列挙し、援助方法を討議し

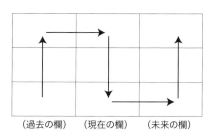

図1　本心理教育で採用した9分割統合絵画法

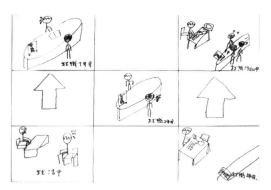

図2　エクササイズ9分割統合絵画法の一例

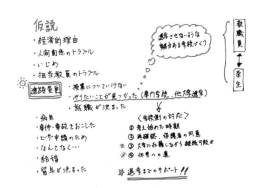

図3　6人グループ討議結果を図式化

た。その結果を模造紙に図式化してもらい、全体でシェアリングした【図3】。

⑦ポストテスト：プリテストと同じものに、再度回答。

⑧2日目のリーダーからのフィードバック：1日目に回収したプリテスト、ポストテストの結果を整理、分析したものを、各参加者に一人一人に報告書としてフィードバックした。報告内容は、①グループ全体の変化、②各個人の変化（ただし、自身の変化のみのフィードバック）、の二点から構成されている。

　本心理教育実施の結果、このグループの現在イメージが0.1%水準で有意にポジティブな方向に変化した。また、ストレス反応が1%水準で有意に低減された。

3. 振り返り

　本心理教育グループは、勤労者対象、1泊2日という宿泊型という、非常に恵まれた条件で実施された。勤労者の心理教育で、宿泊型というのは、多くの条件が必要となる。よく実施されている心理教育は、1回限りもしくは通い型であろう。しかも、職種が同じとなると、心理教育実現がさらに難しいものとなる。このような機会を与えて頂いたことに深く感謝したい。

　先述したように、本心理教育の目的は自己理解を深め、学生対応という職種に対する認知を再構成すること、グループのゴールを彼らの窓口対応能力を促進させることとした。TEGでは自身の学生への関わり方のスタイルが再認識された。9分割統合絵画法においては、「現在」列に窓口対応として学生達に四苦八苦し、「未来」列では上手く援助している描画を描いたものが散見された。また、グループ討議では【図3】に見られるように、学生への多様な見方が表出さ

れている。現在イメージがポジティブな方へ、ストレス反応が低減されたことで、本プログラムの効果が認められた。

　大山〔2006〕は、キャリア開発とは、「個人の内的資源（潜在能力）が顕在化すること、また様々な課題に対処して、人間的に成長すること」と定義している。「キャリア」が職務経験等に伴う連鎖である以上〔厚生労働省, 2002〕、抽象的なテーマを設定するよりも、グループの参加者にとって共通かつ具体的なテーマ設定をしたことが効果的であったと考えている。

　上述のことは、次のような指摘〔Weebers et al., 1998〕にも通ずる。彼らは、小児がんの患者（0～16歳）を持つ両親のための介入プログラムにおける効果を検討した。結果としては、実験群と統制群の間に有意差は検出されなかった。その理由として、以下の三点を挙げている。①主なライフイベントに合った「自然なコース」であることが最も効果的であるのではないか、②参加者たちの必要とする援助が、時間と共に変化し、プログラムがその要求を満たしていなかった、③この介入が一般的すぎた。この最後の③に注目してもらいたい。介入のテーマが文献と臨床家の経験に基づいて選んだものであった。そのために一般的になり過ぎたと考察しているのである。

　すべての心理教育に言えることであるが、専門職者たちはついつい自身が「学習してきたこと」に囚われすぎる傾向がある。その「学習してきたこと」は、多くが普遍的なことである。それが、サービスを受ける側にとっては具体性に欠ける、つまり一般的過ぎるのである。具体性に欠けるテーマ、プログラムだと、参加者達の心に響かないのである。そのため、心理教育の効果がなかなか生まれてこないという結果となる。参加者たちにとって具体的なテーマ、プログラム構築が成功の鍵となると考える。

文　献

平川　完 (2006).「キャリア開発の組織展開の課題――『人間パラダイム』に基づく
　管理者への支援の可能性について」産業カウンセリング研究8(1), 1-12.

Hoekstra-Weebers, J.E.H.M., Heuvel, F., Jaspers, J.P.C., Kamps, W.A., & Klip,
　E.C. (1998). Brief report: An intervention program for parents of pediatric
　cancer patients: A randomized controlled trial. Journal of Pediatric
　Psychology, 23(3), 207-214.

厚生労働省 (2002).「キャリア形成を支援する労働市場政策研究会」報告書.

宮崎圭子 (2008).「大学職員のためのサイコエデュケーションプログラムの効果研究
　――キャリア開発をテーマに」産業カウンセリング研究11(1), 13-22.

大山雅嗣 (2006).「キャリア開発支援の展開――キャリア・コンサルティング序論」
　専修大学商学研究所報38(1), 1-35.

都筑　学 (1993).「大学生における自我同一性と時間的展望」教育心理学研究41(1),
　40-48.

●現場への眼差 ···

☐ キャリア教育プログラムの作成にあたり留意しておくべきことは？

☐ 具体的なテーマ、プログラム構築のためにできる工夫は？

☐ 異なる職種を対象とする心理教育の場合に必要となる対応は？

編者あとがき

　2017年5月31日、公認心理師カリキュラム等検討会によって『報告書』が提出されました。現在、多くの大学・大学院における公認心理師養成カリキュラムは、この報告書に掲載されている「大学及び大学院における必要な科目」に基づいて編成されています。

　公認心理師養成のためのカリキュラムは、公認心理師カリキュラム等検討会ワーキングチームによって『報告書』の素案が議論検討されました。

　このワーキングチームの第7回・第8回の議事録を読むと、"心の健康教育"が大学院における必要な科目として取り上げられることについて、議論があったことが伺えます。つまり、「自明の理」として当初から必要な科目となっていたわけではないということです〔サイト閲覧：2019年4月12日〕。

　確かに、臨床心理学と聞いて真っ先に思い浮かべられるのは［心理的アセスメント］［心理支援］でしょう。上述のワーキングチームの議事録を読んでも、このふたつに関して「どのような内容の科目をとりあげるか」の議論はあっても、このふたつを「科目としてとりあげるかとりあげないか」の議論はありません。

　そもそも［心理教育］は精神医学・心理療法の分野で誕生したものではありません。1905年、プラット医師〔Pratt, H.〕が肺病患者への支援としておこなったのです。

　このように見てみると、"心の健康教育"［心理教育］が臨床心理学のなかでは特殊な位置づけとなっていることが、見てとれます。

そのような歴史的文脈があるためか、研究論文・関連図書が多く出版されるようになったのは最近のことです。CiNii論文検索エンジンで「心理教育」「1980〜1985」で検索すると、わずか24件しかヒットしません。ちなみに、2000年〜2019年で検索すると、3646件ヒットします。近年の［心理教育］に関する関心の高さが伺えるデータです。

　このように見ていくと、先の公認心理師法に"心の健康教育"が明記されたことは、時代からの要請といってもよいでしょう。そして、公認心理師法にのっとって、編成された本書『公認心理師 実践ガイダンス 4.心の健康教育』も時代の要請、国民からの要請（つまり法律となって）といっても過言ではありません。

　今後、世界はますます「健康」「メンタルヘルス」に大きな関心を寄せていくでしょう。しかも、WHOが定義しているように、疾患モデルとしての「健康」「メンタルヘルス」ではありません（つまり、単に「疾病に罹患していない状態」だけではないという意味）。「身体的・精神的・社会的に良好な状態」という大きな概念として、世界はさらに強い関心を払っていくでしょう。

　それを受けて心理職はますます、疾病モデルではない、人々の"心の健康教育"に貢献することが求められていきます。

　本書は"心の健康教育"に関する理論と実践を学習できるよう編成されています。

　心理学を学んでいる方々、公認心理師を目指して学習を積んでいる方々にとって、本書が少しでもお役に立てたなら、これほど嬉しいことはありません。そして、その学習によって、上述した"心の健康教育"に貢献できる知識・スキルを持った心理職として活躍される一助になれたなら、そんな幸せなことはないでしょう。

❖

　最後に、本書を共に創作してくださった著者と関係者に感謝の意を表したく思います。

　【理論編】第3章「五分野における現状と課題」を執筆くださった野田哲朗先生、樋口純一郎先生、稲次一彦先生、遊間義一先生、衛藤真子先生は、五分野の現状と課題を、的確に、興味深く説いてくださいました。

　【実践編】では、伊東史ヱ先生、会田龍之介先生、丸山陽子先生、井利由利先生、寺戸武志先生、遊間義一先生、梅澤志乃先生に、五分野における"心理教育"の実践について、わかりやすく概要を説いていただきました。

　先生方の多大なるご尽力で、本書が専門性に裏打ちされた実践ガイドブックとして、充実したものとなりました。心からお礼申し上げたく思います。

　また、編集者の津田敏之さんには、大変お世話になりました。京都人らしいきめ細かな配慮を頂き、本当に有難うございました。

　最後になりますが、このような機会を与えてくださいました監修者の野島一彦先生、岡村達也先生に、心から厚くお礼申し上げたく思います。有難うございました。

2019年4月

宮崎圭子・松本 剛

索　引

【あ行】

アカウンタビリティ（説明責任）　23, 24
アセスメント　28, 50, 51, 55, 86, 101, 109, 120
アドボカシー　21, 22
アンガー・コントロール　67
アンガー・マネジメント　17, 32-34, 71
アンコンシャス・バイアス（無意識の偏見）　72
EAP　▶従業員支援プログラム
居場所　101-104
インクルージョン　72
インターベンション　21

【か行】

危機介入　19, 21, 60
気分障害　45, 46, 100
虐待　50-54, 57, 65, 94, 98
キャリア　69, 72-74, 129, 133
　　～開発　130, 133
　　～教育　74, 129
　　～発達　18, 70, 129, 131, 133
共依存　54
協働　55, 101, 104, 110, 112, 113
協働的リーダーシップ　25
緊急・危機介入　19, 21, 60
健康日本 21　16, 44-46
公共職業安定所　▶ハローワーク
構成的グループエンカウンター　17, 96
子育て世代包括支援センター　94

子ども家庭支援センター（児童家庭支援センター）　53, 95, 101
コンサルテーション　59, 60, 70, 101, 112

【さ行】

再発予防　31, 73
再犯　64, 66, 67, 116, 117, 119-121
　　～防止　64, 66, 116, 117, 119, 120
CSA　117, 119
CAP　65, 66
自己実現　10, 17, 18
自殺　44-46, 57, 71, 98, 108, 109, 112
　　～総合対策大綱　45, 46
　　～対策基本法　46, 57
　　～予防　44, 46, 57, 60, 70, 71
　　　　　108, 109, 112
児童心理治療施設　50, 53
児童相談所　50, 54
児童福祉法　50
児童養護施設　50, 53
社会資源　53, 55
社会的養護　50
従業員支援プログラム（EAP）　74, 124, 127
就労支援　52, 74, 101
生涯教育　18
状態把握　52, 109, 124
少年院　24, 64
職場復帰支援　▶リワーク

心的外傷後ストレス障害 (PTSD)···16, 21, 53, 67
心理教育 (サイコエデュケーション)···19, 29-34, 37
　　　　　 46, 53, 54, 59, 63-65, 82, 83, 85-87
　　　　　 91, 111, 124, 126, 129, 131-133
　　　〜グループ (サイコエデュケーショナル・グループ)
　　　　　　　　 30, 32, 33, 35, 37, 130, 132
　　　〜プログラム　　　 34, 59, 60, 83, 87
　　　　　　　　　　　　　 126, 129
　　　予防開発的な〜　　　　　　　　　　 20
睡眠障害　　　　　　　　　　　　　　　 46
スクールカウンセラー (SC)　　　 58-62, 101
　　　　　　　　　　　　　　　　 109-113
スクールソーシャルワーカー (SSW)··· 61, 62, 101
Stop It Now!　　　　　　　　　　　　 66
ストレス······16, 19, 29, 42, 43, 45-47, 65, 67, 70
　　　　 94-98, 117, 121, 130, 132, 133
　　　〜対処···17, 20, 60, 71, 95, 96, 98, 121,124
ストレスチェック　　　　　　　 44, 98
ストレスマネジメント··· 10, 17, 19, 24, 34, 47, 53
　　　　　 60, 65, 67, 68, 94-98, 108
ストレッサー　　　　　　　　　 47, 48
生活習慣病　　　　　　　　　　　 44
生活の質 (QOL)　　　　　　　　 42, 45
生活保護　　　　　　　　　　　 50, 52
説明する責任　　　　　▶アカウンタビリティ
ソーシャルサポート　　　　 16, 96, 98
ソーシャルスキル・トレーニング (SST)··· 17, 111
ソーシャルワーカー　　　　 51, 61, 112

【た行】

ダイバーシティ　　　　　　　　　 72
地域子育て支援拠点　　　　　　 95, 98
地域資源　　　　　　　　　　　 99
チーム学校　　　　　　　　　　 58
チームティーチング　　　　　　 111

DV　　　　　　　　　　　 51, 52, 54, 63
デス・エデュケーション　　　　　 33, 34
動作法　　　　　　　　　　 51, 96, 99
トラウマ　　　　　　　　 50, 54, 65, 86

【な・は行】

二次被害　　　　　　　　　　 65, 67
認知　　　　　　 32, 47, 48, 86, 87, 95
　　　　　　　 120, 126, 130, 132
認知行動療法　　 47, 66, 67, 119, 124
認知療法　　　　　　　　　　 48
発達障害　　 23, 51, 55, 89, 100, 101, 103
ハラスメント　　　　　　 71, 72, 76
ハローワーク (公共職業安定所)　　　 74
犯罪
　　　〜加害者　　　　　 63-68, 117
　　　〜被害者　　　　 63, 65, 67, 116
　　　〜予防　　　　　　　　 63
　　　〜予防モデル　　　　　 64
ひきこもり　　　　　　 50, 100-104
PTSD　　　　　▶心的外傷後ストレス障害
ファシリテーター　　　 22, 124-126
不安障害　　　　　 42, 45, 46, 100
プリベンション　　　　　　　 21
ペアレント・トレーニング　　 53
保護観察所　　　　　　　　　 64
母子生活支援施設　　　　　 51, 54
ポストベンション　　　　　　 21

【ま・や・ら・わ行】

マインドフルネス　　　　　 48, 71
未然防止教育　　　　　 61, 108-113
メンタルヘルス　 16, 24, 31, 44-46, 70
　　　　　 71, 73, 74, 86, 129
予防

〜教育 29, 94, 118	リワーク（職場復帰支援） 71, 74, 87, 89, 90
一次〜 20, 43, 44, 46, 48, 49, 55	124, 127, 128
64, 65, 108, 116, 117	連携 11, 23, 24, 55, 58-62, 99
三次〜 20, 46, 64, 66, 116	101, 104, 112, 128
二次〜 20, 21, 43, 49, 64, 66	労働安全衛生法 43, 44
ライフ・キャリア 69, 72	論理情動行動療法 48
リスク - ニード - 反応性（RNR） 66, 119	ワーク・エンゲイジメント 73
リラクセーション（リラクセイション） 32, 43, 54, 55	
60, 71, 95-98, 111	

著者紹介

会田 龍之介 （あいだ・りゅうのすけ）　医療法人社団悠悠会 オアシスクリニック

伊東 史ヱ （いとう・ふみえ）　岩手医科大学 いわてこどもケアセンター

稲次 一彦 （いなじ・かずひこ）　兵庫県立教育研修所 心の教育総合センター 副所長

井利 由利 （いり・ゆり）　公益社団法人 青少年健康センター茗荷谷クラブ センター理事

梅澤 志乃 （うめざわ・しの）　株式会社 ジャパンEAPシステムズ 統括スーパーバイザー

衞藤 真子 （えとう・ちかこ）　神奈川大学 教育支援センター

寺戸 武志 （てらど・たけし）　兵庫県立教育研修所 心の教育総合センター 主任指導主事

野田 哲朗 （のだ・てつろう）　兵庫教育大学 保健管理センター所長・同大学院教授

樋口 純一郎 （ひぐち・じゅんいちろう）　神戸市立若葉学園 主任心理療法士

松本 剛 （まつもと・つよし）　兵庫教育大学大学院 学校教育研究科 教授

丸山 陽子 （まるやま・ようこ）　青山動作法ラボ 専任講師

宮崎 圭子 （みやざき・けいこ）　跡見学園女子大学 心理学部 教授

遊間 義一 （ゆうま・よしかず）　兵庫教育大学大学院 学校教育研究科 教授

監修者紹介

野島 一彦 (のじま・かずひこ)

熊本県生まれ。1970年、九州大学教育学部卒業。

1975年、九州大学大学院教育学研究科博士課程単位取得後退学。博士 (教育心理学)。

福岡大学教授、九州大学大学院教授を経て、2012年から跡見学園女子大学文学部教授。

現在、跡見学園女子大学心理学部教授、九州大学名誉教授。

著書・監修書に『エンカウンター・グループのファシリテーション』〔ナカニシヤ出版, 2000年〕、『グループ臨床家を育てる』〔創元社, 2011年〕、『心理臨床のフロンティア』〔同, 2012年〕、『人間性心理学ハンドブック』〔同, 2012年〕、『ロジャーズの中核三条件 共感的理解』〔同, 2015年〕、『公認心理師 分野別テキスト』全5巻〔同, 2019年〕ほか多数。

岡村 達也 (おかむら・たつや)

新潟県生まれ。1978年、東京大学文学部卒業。

1985年、東京大学大学院教育学研究科第1種博士課程中退。

東京都立大学助手、専修大学講師・助教授を経て、1998年から文教大学人間科学部助教授。

現在、文教大学人間科学部教授。

著書・共著書に『カウンセリングの条件——クライアント中心療法の立場から』〔日本評論社, 2007年〕、『カウンセリングのエチュード——反射・共感・構成主義』〔遠見書房, 2010年〕、『傾聴の心理学——PCAをまなぶ：カウンセリング／フォーカシング／エンカウンター・グループ』〔創元社, 2017年〕ほか多数。

編著者紹介

松本 剛 (まつもと・つよし)

大阪府生まれ。1983年、大阪府立大学総合科学部卒業。

兵庫教育大学大学院連合修了、博士 (学校教育学)。

大阪学院大学助教授を経て、2009年から兵庫教育大学大学院学校教育研究科教授。

著書に『傾聴の心理学』共著〔創元社, 2017年〕、『人間性心理学ハンドブック』分担執筆〔創元社, 2012年〕など。

宮崎 圭子 (みやざき・けいこ)

大阪府生まれ。1979年、大阪大学理学部化学科卒業。

立正大学大学院文学研究科後期博士課程単位取得満期退学、博士 (文学)。

跡見学園女子大学文学部助教授を経て、2015年から跡見学園女子大学文学部／心理学部教授。

著書に『サイコエデュケーションの理論と実際』〔遠見書房, 2013年〕、『対人関係のスキルを学ぶワークブック』共著〔培風館, 2018年〕など。

kodachi no bunko

公認心理師 実践ガイダンス
4 心の健康教育

2019年6月25日　初版第1刷発行

監修者
野島一彦・岡村達也

編著者
松本　剛・宮崎圭子

発行者
津田敏之

発行所
株式会社 木立の文庫
〒600-8449
京都市下京区新町通松原下ル富永町107-1
telephone 075-585-5277
faximile 075-320-3664
https://kodachino.co.jp/

編集協力
小林晃子

デザイン
尾崎閑也（鷺草デザイン事務所）

本文組版
大田高充

印刷製本
亜細亜印刷株式会社

ISBN 978-4-909862-05-1　C3311
© Kazuhiko NOJIMA, Tatsuya OKAMURA 2019
Printed in Japan